University of Oxford

オックスフォード大学MBAが教える

人生を変える勉強法

西垣和紀
Nishigaki Kazuki

二見書房

――はじめに

私は今、オックスフォード大学の大学院で学んでいます。

私の在籍するＭＢＡ（経営管理学修士）プログラムには世界約60か国からさまざまなバックグラウンドの優秀な学生が集まり、そこで日々共に学び、熱い議論を戦わせています。また、学業以外にも、優秀な他学部の学生や研究者たちと交流したり、プロのミュージシャンと音楽をやったり、現地の企業で働いたりと、多忙ですがこれ以上ないくらいに充実した生活を送っています。

しかしかつて私は高校を中退し、日雇い派遣、路上スカウト、夜の仕事等を経て荒れた生活を送っていました。

そんななか、ふとしたことがきっかけで経営コンサルタントになろうと思い、そのためのスキルを身につけるために渡米し、その後、アメリカ西海岸の名門カリフォルニア大学を卒業し、グローバル・コンサルティングファームで経営コンサルタントとして働いた後、現在に至っております。

私の人生がどのようにして大きく変わったのか、またなぜ私がこのタイミングで本を書こうと思ったのかについて少し触れさせていただきます。

コンサルティングファームで働いていたときは、自身の過去については職場の方々には隠してきました。

そこで働いている人たちは、東大や京大などの一流大学を出て海外でＭＢＡを取得したような優秀な人たちがほとんどです。そのなかで私のようなチンピラが紛れ込んでいてはいけないんじゃないかという負い目があり、自身の過去についてはなるべく語らず、自身のバックグラウンドは話さずに働いていました。26歳のときに新卒として会社に入ったので、会社に入るまで何をしていたのか聞かれることは多々ありましたが、なんとか話をはぐらかしてごまかしていました。

しかし、ＭＢＡ留学をする直前のことです。日本からＭＢＡ留学する人の大半は一流高校・大学を出て官庁や大企業、コンサルティングファームや投資銀行などで働いている、いわゆるエリートと呼ばれる人たちです。留学する前からＭＢＡの壮行会やパーティ等でそのような華々しい経歴の人たちと顔を合わせることが多く、そのなかの数人と仲良くなりました。その友人たちに私のバックグラウンドについて話すと、「お前の経歴がＭＢＡ留学生のなかで一番面白い」「絶対本を出したほうがいい」というような答えが返ってきたのです。

そのときに、「なるほど、エリートの人たちからすると私のような人間は面白いとかユニークに映るのだな」と気づき、また「自分を偽る必要などないのだ」と思うようになりました。また、他のエリートの人たちがやったことのない経験をたくさん経験しているのは「強味」なのではないかと思うようになり、同時にこのことがきっかけで本を書こうと決めました。

この本を通じて、私のように若い頃に挫折をしてしまった人はもちろんのこと、勉学に励んでいる人、何か新しいことに挑戦したい人、目標に向かって努力している人、努力しているのになかなか結果が出ない人……そのような方々に勇気を与えることができればこれ以上ない幸せです。

この本は「私のこれまでのストーリー」「学習の前提として持つべき心構え」「私の勉強法」「アウトプットの技術」という四つの大きな構成に分かれています。四つのうちどれか興味のあるものだけ読んでいただいても結構ですし、もちろん四つすべて読んでいただければありがたいです。

人生のなかでさまざまな「知」に触れ、成長していく軌跡。

まずは、私の人生の一部に触れていただきたい。

駄文、かつ長文ですが最後まで読んでいただけますと幸いです。

思い返せば、私のこれまでの人生、何度も自身の居場所を失い、また新たな居場所を見つける、「挫折」と「再起」の繰り返しでした。

オックスフォード大学MBAが教える
人生を変える勉強法

◇◇◇ 目次 ◇◇◇

2章 学ぶということはどういうことか

3章　効率的に学ぶための独学勉強法

定着率の最大化（学習効率の向上）

4章　戦略的思考によるアウトプットの技術

1

高校中退のチンピラがオックスフォード大学に入るまで

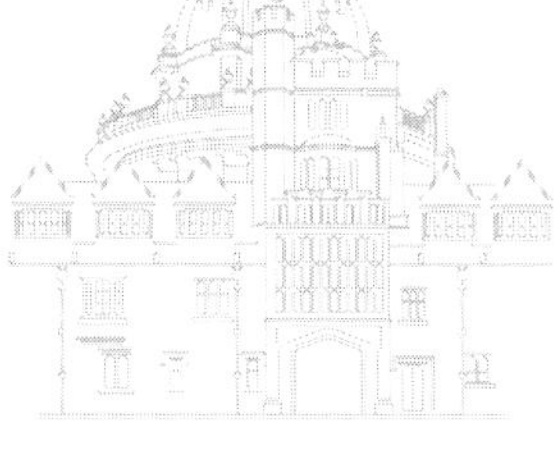

中学での挫折とその後の転落

――多才さを発揮した幼少期とその喪失

私は兵庫県の田舎町のサラリーマン家庭に生まれた。

特別貧しくも裕福でもない中流家庭であったが、小さい頃から書道、絵画、水泳、空手等いろいろな習いごとをさせてもらった。子どもの頃はとくに絵を描くのが好きだった。

小学生の頃は、毎週のように絵画や書道コンクール、水泳大会などに入賞し、全校生徒の前で表彰されていた。

この多才さのおかげで、友だちから尊敬され、まわりの大人からもすごいと褒められた。友だちも多く、毎日家に友だちを呼んでゲームなどをして遊んだ。あるいは、夏はみんなで山でクワガタを捕ったり、冬は雪遊びをした。

毎日が楽しくてワクワクして、未来に希望を持っていた幼少期。将来は絵を描く仕事をしたいと思っていた。

しかし、中学校に入ると表彰の数はがくっと下がった。

中学に入って、まわりの子どものレベルが高くなる。

何をやるにも小学校の頃は「遊び」だったのが、中学校に上がると「競技」へと変わる。表彰される数はどんどん減り、そのうち「自分には才能がないのだ」と習いごとをすべて辞めてしまった。

こうして、**私のアイデンティティともいえる多才さは消えてしまった。**

協調性も徐々に欠けていき、部活も辞め、放課後の運動会の練習や学校行事などにも行かなくなった。

そのかわり、家に帰って音楽を聴いた。

ロックに出会い、影響を受け、中学校に通いながら牛乳配達のバイトをしてお金を稼ぎ、エレキギターを買って弾きまくっていた。

ロックとの出会いは私の人生を180度変え、徐々にやんちゃになっていく。警察沙汰になるようなこともいろいろとやり、親が学校に呼び出されることもあった。中学校の卒業式の日には、「俺は前しか見ない」などとうそぶいて、卒業写真や文集などを学校の窓から投げ捨てて下校した。

中学を卒業すると、みんな地元の高校に進学したが、私は校風が自由で制服もなく、寮のある京都の高校に進学した。親元を離れて自由にやれるので当時の私には最適だった。

高校での成績はずっと最底辺

高校に入ると、すぐに悪い先輩や仲間とバンドを始め、バンドにのめりこんでいった。髪は金髪、耳はピアスまみれ、唇や乳首にまでピアスを開け、シルバーアクセサリーを身に着け、バイクを乗り回したりと、すっかりヤバいヤツになっていた。

当時、いろいろと悪さやケンカをしたりして、警察のお世話になることは日常茶飯事、裁判所に呼び出されることもしばしば。当時つるんでいた友だちには鑑別所や少年院に行ったりしたヤツもいるが、私もたまたまラッキーだっただけで、そうなっていても不思議ではなかった。

とにかく調子に乗っていたので、学年で一番初めに先輩に呼び出されてボコられたり、素行が悪すぎて1年生のうちに寮を追い出された。また、とある不祥事を起こして先輩がた30人くらいに土下座して回ったこともある。

そんなこんなで高校の授業もサボりがちで、授業にでても寝てるだけ。

当時の生活といえば、カラオケかファミレスで朝まで過ごしてしょうもないことをくっちゃべってるだけの生活。当然**高校の成績はずっとビリ**。テストを受けても0点を取ったりするありさまだったが、1、2年はなんとかお情けで進級できた。

大学に行くことなんて考えたこともなかったので、模試なんかを受けたこともなければ、自分の偏差値も知らない。

この頃は、とにかく悪さをして親が学校に呼び出されたり、生徒指導の先生や校長によく呼び出されて怒られた。

校長にはゴミを見るような目で見られ、生徒指導の先生に至っては、もはやあきらめて「お前、いつ学校やめるんや」と吐き捨てるように言っていた。

グレて高校中退のお決まりコースへ

高校時代、とにかく毎日退屈でたまらなかった。暇つぶしで悪さをしたり、友だちに語れる武勇伝になるようなことをやっていた。

あとはありあまるエネルギーをバンド活動で発散していた。中学時代に聴いていたロック、メタル系の音楽からさらに突き進み、高校時代はアンダーグラウンドなハードコア音楽を聴き、バンドをやったりしていた。当時のバンドまわりの友人は後にマリファナを栽培したり、ホストになったり、ギャングのメンバーになったりした。

当時複数のバンドを掛け持ちし、頻繁に京都や大阪市内に行ってライブをしていたこともあり、「こんな田舎じゃなくて大阪でバンドをやりたい」と思っていた。

そんな思いが募って、3年生に上がって間もなく退学する。

先生たちに挨拶に行くと、問題児の私がいなくなるので、みんなうれしそうな反応だったのを記憶している。

「こいつが学校を辞めてくれてホッとした」という顔をしていた。

バンドにはまって、グレて高校中退というベタな流れ。

中退した後はとりあえず大阪に行ってバンドをやろうと思っていたが、私の人生はどんどん泥沼にはまっていくのであった。

大阪での仕事

生きるのに精一杯などん底生活

大阪では家賃の安さから、「日本のスラム街」こと西成あいりん地区の近くに住んだ。当時の私の家のまわりは**年を取ったオカマとホームレスとシャブ中だらけだった。**

今でこそかなり浄化が進んでいるが、当時の西成はけっこう酷かった。

歩いていると、クスリの売人に声をかけられたり、必ず変なやつに絡まれる。公園に行くと、ホームレスがたき火をして、野良犬を焼いて食っている。当時の西成はそんな感じだった。

家のまわりはそんな環境だったが、とにかく大阪に出てきて、なんとかネットの掲示板などでバンドメンバーを募り、セッションをやったり、デモ音源を作成したりした。

大阪に来て最初の頃は本当にお金がなかった。学歴は高校中退。金髪に大量のピアス、凶悪な目つきのヤバい奴だったため、私を雇うようなところはどこもなかった。当時バンドをやっていたこともあって、髪やピアスはやめようとは思わなかった。

飲食店やレンタルビデオ屋等いろいろなバイトに応募したが、ことごとく書類や面接で落とされ、たまに日雇い派遣のバイトをして1日1万円に満たない日当をもらってその日暮らしをする生活だった。

当時は派遣会社によるマージンの搾取が社会問題になっていた頃だ。「1日2万円可能」といった求人広告を見て応募しても、実際は、新人だから最初は低い給与からのスタート。何の役にも立たない研修ビデオを見させられ、研修費用等の名目で給料から天引きされ、派遣先までの交通費は遠いのに自腹。まさに搾取される生活をしていた。

当時は派遣先の現場で余った弁当をもらって帰って食べたり、本当にお金がないときは2週間くらい卵かけご飯だけを食べて暮らしていたこともある。

貧しいだけならまだいいが、さらに追い打ちをかけるような出来事があった。

ある日、派遣先で小さなミスをしてしまい、社員から「お前、使えねえな！　邪魔だから引っ込んでろ！　っていうかもう帰っていいよ！」と言われた。

ちなみに同じ仕事をしていた大学生のバイトも同じようなミスをしていたが、お咎めなしだった。

私は途中で帰ったが、途中で帰ったことで派遣会社に苦情がいったらしく、派遣会社からも怒られ、日当も全額もらえなかった。

日々生きるのに精一杯で、大阪に来てから始めたバンドも自然消滅してしまった。

自分の**唯一の居場所であったバンドがなくなってしまった。**

また一からバンドメンバーを集めて活動を始めるような気力はなく、普通の仕事をしようにも雇ってくれるところはない。

どんどん追いつめられ、「もう強盗でもやるか。捕まったとしても今よりマシな生活ができるんじゃないか」と考えていた。

一歩間違えれば犯罪者になっていても不思議ではない精神状態であった。

ようやく見つけた自分の居場所

高校を辞めて大阪に来たものの、目的を失い、夢も希望もない、なにをしたらいいのかわからない。大阪ミナミの街をただただ目的もなく徘徊し、日雇い派遣で稼いだ日当もその日のうちに酒に消えるという生活が続き、十代で酒びたりの生活となった。

ある日、ミナミの街を徘徊していると、金髪で坊主頭の入れ墨の入ったヤクザ風の怖いおじさんに、

「兄ちゃん、仕事してる?」と声を掛けられた。

普通であれば関わりたくないところだが、当時は何を思ったか、

「いえ、仕事はとくにないです」と答えてしまった。

怖いおじさん「兄ちゃん、稼げる仕事あるからやらへんか?」

私「はあ、どんな仕事ですか？」

怖いおじさん「スカウトっちゅう仕事や、女の子に声かけてキャバクラとかに紹介するんや」

（スカウトとは街ゆく女性に声をかけたり、ネットで知り合った女性をキャバクラや風俗など夜のお店に紹介して紹介料を得る、綾野剛主演『新宿スワン』で脚光を浴びた職業である）

私はなんとなくそんな仕事が存在していることは知っていたが、まさか自分がやることになるとは思ってもみなかった。私は怖いおじさんに声をかけられ、その場でスカウトを始めることになった。

高校のときにナンパは何度かしたことがあったので、同じ要領で女性に声をかけると、なんと1回目の声掛けで運よく電話番号をゲットすることに成功した。

怖いおじさん「お前センスあるわ。お前やったら月100万、200万稼げるぞ！」

運よく1回目で電話番号をゲットできたのが幸か不幸か、この怖いおじさんの心をつかんでしまい、次の日から毎日働くことになってしまった。

次の日からスカウトとして働き、すぐに新人では考えられないくらいのペースで結果を出し、上司や社長からは期待のホープと言われてもてはやされた。

これまで、大阪に来た目的も自分の居場所も失っていた私は、**自分の居場所を見つけた気がして、うれしかった**。

この仕事がなくなればまた自分の居場所がなくなってしまう。

私はとにかく「この仕事に死んでもしがみつく」という思いだったので、24時間仕事のことを考え、がむしゃらに働いた。

これまで学歴社会に虐げられ、普通の社会を恨んでいた私にはぴったりの仕事だったし、夜の世界で働く人たちはみんな野心家で当時の私にはカッコよく映った。

会社の社長は27歳。親も身内もいなくて幼い頃は相当苦労したらしい。スカウトをやる前はホストクラブでナンバー1だった。とにかくストイックで野心家で仕事に対して誇り

大阪でやんちゃをしていた頃

を持っていた。20代にもかかわらず、彼は年収4000万くらい稼いでいたのではないだろうか。

金が稼げるようになると、もっぱらブランド物を買い、当時は全身ドルチェ&ガッバーナの服にクロムハーツのアクセサリー、ルイ・ヴィトンのバッグにブルガリの時計など10代にして全身高級ブランドを身につけ、相当な胡散臭さを放っていた。

警察官とあわや衝突か!

スカウトをやっていると危ない目に合うことも多々ある。

番号を聞いた女性の彼氏にツメられたり、キャバクラですでに働いている女性に声をかけると、引き抜きだと言われてお店の人からツメられることもある。

スカウト同士の縄張り争いなどのもめごとも多々ある。

もちろん私もそのようなことは何度も経験している。スカウトを始めて間もなく、敵対するスカウト集団10人くらいに囲まれてボコられたこともあった。

また、警察に目をつけられるなど別のリスクもある。

当時はスカウトやキャッチが横行していたため、交番の前でもみんな気にせずスカウトをしていた。警察も見て見ぬふりをするのが当たり前だった。

しかし、あまりにも露骨にやりすぎて、私は警察に目をつけられ、呼び止められた。

警察「お前ここ（交番の前）でやるなよ」

私「ただのナンパですよ。何が悪いんすか？」

警察「お前警察あんまりなめんなよ。お前みたいなもんは街のダニや。いつでも潰したるぞ」

頭にきた私は、「こいつ1発殴ってやろうか？」と思い、警察官をにらみつけていた。

一触即発のなか、上司が駆け寄って来て、「すいませんでした！」と言って私の手を引き、その場を立ち去り、ことなきを得た。

その後上司から「お前警察にケンカ売ってどうすんねん！」とこっぴどく叱られた。

店の派閥抗争にまきこまれる

ある日、知り合いにキャバクラの黒服（ボーイ）をやらないかと誘われ、スカウトをやるかたわら黒服をやることになった。同じく知人の店で、人が足りないので手伝ってほしいということでホストクラブで働いたりもして多忙な日々を送っていた。

夜の世界の主役はキャバ嬢やホストであるが、私はどちらかというとスカウトや黒服など裏方が性に合っていた。

ドラマや漫画でキャバ嬢やホストの店内での派閥や競争が描かれることが多いが、スカウトや黒服にも派閥や競争がある。

キャバクラで黒服として働いていた頃、店のなかで二つの派閥ができていた。

一つは**オーナー・店長派**。

もう一つは、オーナー、店長のやり方に反対する**副店長派**。

オーナー・店長は従来のやり方で型にはめて堅実にやっていくタイプ。

副店長はやり方を変えて店舗を拡大していきたい野心家タイプ。

当時野心家だった私は無論、副店長派だった。

副店長は当時22歳。大学に通いながらキャバクラの副店長をやっているという変わり者だったが、非常に頭がキレてキャスト（キャバ嬢）の扱いがうまい。また、部下の心を掌握することにも長《た》けていた。とくに私には目を掛けてくれていた。

店のなかの派閥抗争が顕著になってくると、キャストの管理や店内の業務はすべてオーナー・店長派がやり、われわれ副店長派はキャストのスカウトや客引き等店外の業務をやらされていた。

こういった状態が続き、しびれを切らした副店長がオーナーと店長に噛みつき、大ゲンカした挙句、ついに袂《たもと》を分かつことになった。

副店長が店を辞め、スカウト会社を作ると言いだし、私と仲間にもついてこいと言った。仲間は二つ返事でついていくことを決めたが、私は非常に迷った。

私はスカウトと兼業で黒服をやっていたため、今のスカウト会社を辞め、新しいスカウト会社に移るということになった。

これは業界ではあまりよいことではなく、もめごとの火種になることもある。

しかし、当時、副店長に信頼を寄せていたため、迷った挙句ついていくことにした。

われわれは新興のスカウト会社のため、紹介先の店舗は少なく、またほかのスカウト会社とのもめごとも絶えず、みんな疲弊していった。

今考えるとゾッとするが、いわゆる「後ろ盾」がない状態でわれわれはスカウトをおこなっていた。もし本格的なもめごとになったら、われわれはいつ大阪湾に沈められてもおかしくないという状態だった。

そのような不安定な状態でスカウトを続けていたが、ある日を境に突然、副店長は現場に来なくなり、連絡もつかなくなってしまった。

どうしたのだろうと心配していると、連絡が途絶えてから数日後、副店長から私に電話が掛かってきた。

「体調を崩して療養していたので連絡できなかった。復帰するのはいつになるかわからない」とのことだった。その電話の後、再び連絡がつかなくなった。

本当に病気だったのかもしれないが、ヤクザに拉致されたとか殺されたとかいろいろな噂が飛び交っていた。

とにもかくにも組織のトップがいなくなってしまったことに変わりない。

これまで、この副店長の求心力だけで持っていた組織である。

組織は徐々にまとまりがなくなり、現場にでてくるメンバーも少なくなっていった。

そして、悪いことが起きるときは立て続けに起こる。

同じ時期に私はある仕事でミスをしてしまい、怖い人たちから追われる身になった。

朝起きてケータイを見ると着信が50件。留守電も大量に入っている。留守電を再生すると、

「お前どこおんねん！　今すぐ指詰めて持ってこいや！」

「とことん追いつめたるからな！」

といった留守電が大量に入っていて、これが毎日続いた。

私はさすがに気が滅入ってしまい、仕事ができるような状態ではなく、家にこもっていた。

そんな矢先、われわれのスカウト会社が解散したと仲間から連絡がきた。

戻る場所がなくなり、私はまたも自分の居場所を失ってしまった。

人生の転機

脱法ドラッグで死にかける

もめごとに巻き込まれ、スカウト会社も消滅し、私は大阪ではスカウトができないどころか街を歩くのもはばかられる状態となった。

またも自分の居場所がなくなってしまった私は鬱状態になり、家に引きこもりがちになり、自暴自棄になって家にこもって脱法ドラッグやハーブなどを吸っていた。

（その後社会問題となる脱法ハーブ・ドラッグであるが、当時は「合法」ハーブ・ドラッグとして、どこでも買うことのできる代物であった。それこそ繁華街の路上で堂々と販売している者もたくさんいた）

当時、つねにラリっていたため、たまに外に出て歩いていると、夢遊病者のように気づくと無意識に知らない場所まで歩いていたりすることもあった。

ある日、かなり「トベる」という噂のハーブを入手し、早速マンションの9階の自宅で吸ってみた。

一口吸ったが、何の変化もない。

10分経っても何も変化がなく、さらに吸い続けた。

すると、いきなり、

「ドンッ」と、重力が10倍くらいになったように体が重くなり、空間が歪み、床に倒れこみ、立ち上がれなくなってしまった。


体が押しつぶされ、視界が狭くなり、目の前はグラグラ揺れ、ものすごい吐き気に襲われた。

意識が朦朧《もうろう》とするなかで、なぜか私は、

「このままでは死んでしまう！　下に行かなければ！」

と、下に行けばこの重い重力から解放されると思い込み、なんとか這ってベランダに出た。


頭のなかは「下に行かなければ！　下に行かなければ！」とループしていた。

そして、なんとかベランダに這い出た。

「飛び降りれば下にいける……」

フェンスをまたいで飛び降りようとした瞬間、
隣の部屋のベランダから女性が「キャー!!」と叫んだ。

その金切り声を聞いて、

「そうか、飛び降りたら死ぬよな」

と我に返り、フェンスにかけていた足を部屋のなかに戻し、生還することができた。

脱法ドラッグは本当に危険であり、これを機にもう2度とやらないと誓った。

『企業参謀』と出会い生まれ変わる

その日からハーブやドラッグはやめ、とりあえず働こうと思った。

しかし、もめごとに巻き込まれたりしていた私は夜の仕事はできない。かといって普通の仕事もできない。日雇い派遣の搾取される生活にも戻りたくない。

とにかく、詐欺でもなんでもいいので何か金の稼げる方法を見つけようと、胡散臭い本を読み始めた。

当時の自宅の本棚には「ラクして儲ける」「ワルの金儲け」みたいな胡散臭い本が大量に並んでいた。

当時、読書をする習慣はまったくなかったのだが、必要に駆られて自分の興味のあることであれば読書をするものである（ロクな本は読んでいなかったが）。

本を読んでいると、世間にはいろいろなずる賢いビジネスや詐欺まがいの商法があるのだなーと感心したが、一方で自身がやりたいと思えるようなものは見つからなかった。

大金が稼げるのは個人ではなく企業を相手にするような取引である。企業を相手にするようなものは非常に難易度が高い。仲間も必要だし、元手も必要だ。多くの場合、ペーパーカンパニーを作ったり、相手を信用させるための取引をしたりしなければいけない。何よりも、ビジネスの知識は必須である。

なかなかやることが見つからず、もんもんとしていた頃、とあるビジネス雑誌を手にとり、立ち読みした。その雑誌には、「大前研一」という人がコラムを書いており、著者の紹介を見てみると、

「マサチューセッツ工科大学博士」

「経営コンサルタント」

「元マッキンゼーアンドカンパニー会長」

「世界のグールー（思想的指導者）」

などと書かれており、
マサチューセッツ？　コンサルタント？　マッキンゼー？　グールー？

横文字の単語の意味を一つも理解できなかったが、なんとなくスゴそうで横文字の肩書がなんとなくカッコいいとも思った。


そのときは、「なんかすごくカッコよさそうな人だな」と思った程度だったが、後日、書店にいくと大前研一氏の著書が目に入った。

見覚えのある名前だったので、「ああ、雑誌に載っていた人か」と本を手に取った。


『企業参謀』という本だった。


『企業参謀』は氏が30歳のときに書き上げた、氏が経営コンサルタントとして学んだ理論や経験をまとめ上げた秀作である。

個人的には、当時の経営に関する「知」の集大成であると思っている。何度読んでも、今読んでもハッと思わされることがある（ちなみに私はこの本をつねに持ち歩いている。仕事をしているときも鞄のなかに入っているし、アメリカとイギリスに留学するときも持って行った）。

著書の冒頭、「戦略的思考」について書かれた章があり、美容室や旅館のビジネスモデルの話があるのだが、これは当時の私にとって衝撃的だった。

これまで私は、「客」あるいは「消費者」として、なんとなく、美容室に行って髪を切ってもらって数千円を払っていたが、氏の著書によれば、美容室の料金の中身は、シャンプー、顔そり、整髪、マッサージ等に分解でき、日本の美容室はかなり高く、たとえばアメリカではカットのみで日本に比べてかなり安価であり、日本でもカットのみの安価な美容室が普及するという。

実際にその後国内で1000円カットのQBハウスなどが定着していることを見るとすごい洞察力である。

今まで、このように物事を分解して考えるということを微塵もしたことがなかったので、というか人生のなかで「深く考える」といったことをまったくしたことがなかったため、「こんな風に物事を考える人がいるのか！」と感銘を受けた。

当時、冒頭の箇所以外の本の内容はまったく理解できなかったが、氏がMITを出て技術者になり、その輝かしい技術者としてのキャリアを捨て、当時日本ではマイナーだったコンサルタントという職業に就いて成功された生き様が非常にカッコいいと思ったし、氏の「経営コンサルタント」として企業を変革するスタンスとプロフェッショナリティは強く伝わってきた。

これまで夜の世界にいた私は、ビジネスなんてものは他の奴を騙《だま》したもん勝ちで、ずる賢い奴がたくさん金を稼げるといった世界だと思っていた。また、巷には、「ずる賢く稼ぐ○○」「人を操る×××」といった本が溢れていて、当時私もそういった本を読んだりして、ずる賢く人を欺くのがビジネスであり、成功の秘訣だと思っていた。

けれども、氏の本を読んで、そんなものはビジネスでもなんでもなく、本当のビジネスは非常に複雑な要因が絡んでいて、科学的なアプローチや論理を使ってビジネスを考えるといった世界があることがわかったのである。

そして、まったく理解できなかった氏の本を、「知りたい」「理解したい」という思いがふつふつと湧いてきた。

人は皆、生まれながらに好奇心を持っている。

しかし、子どもの頃に持っていた好奇心を大人になると忘れてしまう。

私の場合も、成長するにつれて知的好奇心はすっかりなくなっていたが、氏の圧倒的な「知」に触れ、「知りたい」「理解したい」という知的好奇心を取り戻したのであった。

ついに見つけた新たな目標

大前氏の影響で、いつしか「**私もコンサルタントになりたい**」と思うようになっていた。

当時の私の調べによると、

「コンサルタントとして働いている人は、一流大学を出て、さらに欧米の大学でＭＢＡ（経営管理学修士）というものを取得して英語がペラペラに話せる超エリートで大企業の経営者や政府の要人に対してアドバイスをする人たち」ということであった。

これまでの**私の人生とは真逆の職業である。**

当時の私は高校中退。何の資格もなく、まともな仕事の経験も何もない。おまけに10代で酒びたりとなり、ここ数年悪そうな奴らとつるんで遊んでいただけだ。

コンサルタントになるには何から手をつければいいのかさっぱりわからなかったが、氏によれば、「これからの世界は国と国の境目がどんどんなくなっていく。日本のビジネスマンは積極的に海外に出ろ」という。

そして私は氏の言葉を自分なりに解釈し、あろうことか**アメリカに留学しようと決意する。**実質、英語は中学で少しやった程度。しかも高校から酒びたりであったため、中学で勉強したことはほぼすべて忘れてしまっていた。そのため、当時の**英語のレベルは中学生以下だ**ったと確信を持って言える。

自分の居場所を失い、自暴自棄になり、酒びたりで、ドラッグに溺れ、死にかけたこともある。しかし、私は**「経営コンサルタントになる」という新たな目標**を見つけたのである。

当時、英語は1ミリもしゃべれなかったので、いきなりアメリカに行っても生活できないことは火をみるより明らかだった。ネットでいろいろ調べた結果、東京に1年弱かけて留学準備をし、その後アメリカの学校に入学することができるという専門学校のプログラムがあった。

英語の知識が1ミリもない私にとってはこれが一番の近道なのではと、高卒の資格を取った後、その学校に通うことにした。

専門学校でも落ちこぼれ

東京に行き、留学準備のための学校に通うことになった。

学校に入って間もなく、クラス分けを決めるためのテストを受けた。

当然ながら、高校を中退し、高校教育をまともに受けていない私は、6クラスあるクラスのなかで**一番下のクラスで、なおかつクラスで一番ビリ**というありさまだった。

1番下のクラスは、それこそ**アルファベットや「This is a pen」レベルから勉強を始めるレベルであったと記憶している**。

しかしながらそのようなレベルから学習することは私にはぴったりだった。

学校に通うのは何年ぶりだろうか。何かを学ぶことがすごく新鮮で、年下のクラスメートたちと一緒に勉強するのも不思議な気分だった。

世間には「ダメだった自分が何かの転機で180度人生を変えた」というような話があふれている。私の場合もそんなシンプルな美談であればよかったが、**人間そう簡単に自分を変えられないのである。**

当時、学生をやりながら飲んだくれる生活は続いていた。

毎日のように友だちと飲み歩き、夕方から飲み始めて翌朝まで飲んで通勤のサラリーマンと並んで蕎麦《そば》を食べて帰って寝て昼過ぎに起きるという生活をしていた。起きている時間はほぼ酔っぱらっているような状況であった。

1回落ちるところまで落ちるとなかなか這い上がるのは難しいのである。

勉強のやり方なんてまったくわからなかったし、留学準備をおこなう専門学校でも、落ちこぼれていた。それどころか、先生から「お前は救いようがない。もう辞めろ」と言われたほどである。

授業もサボりがちであり、テストの日に寝坊してテストが受けられないなどグダグダな状態であったため、出席日数が足りず卒業できないという事態に陥っていた。専門学校で留年するやつもなかなか珍しい。

スクランブル交差点で土下座

ある日、新宿を歩いていると、偶然にも大阪で働いていたスカウト会社の社長とばったり会った。聞くところによると、大阪で専属契約していたキャバクラグループと揉めて、東京へ進出してきたということらしい。そして、東京でスカウトをやらないかと誘われた。

私は当時の懐かしさと再び刺激的な生活に戻れるということで二つ返事で了承してしまった。ただ、学生なので週2、3くらいしか出勤しないという条件付きで。

再び歌舞伎町でスカウトを始めたが、私は留学という新しい目標を見つけて学校に通っていたため、仕事にまったく熱が入らず、結果は出なかった。

再びスカウトを始めて、今の私の居場所はここではなく学校だと再認識した。

不思議なものである。少し前までは夜の世界しか私の居場所はないと思っていたのに、今では遠い世界のように感じる。

私は、一切夜の世界から足を洗おうと、現場に行くのをやめ、携帯の番号も変えた。また、私と仲のよかった仲間たちも私が辞めるのと同じ時期に会社を去った。

ある日渋谷に出かけたときのことである。

渋谷のスクランブル交差点の信号が青になるのを待っていると、辞めたスカウト会社の上司や先輩に路上でばったり会った。

何も言わずバックレたので、さぞお怒りにちがいない。

スクランブル交差点の前で上司と先輩にがっしりと肩をつかまれた。

先輩「お前、なめてるやろ！」

想像以上にお怒りのようだった。

何も言わずに辞めて、かつ仲のよかった仲間も同時期に辞めたため、仲間を引き抜いたと思われていたらしい。

スクランブル交差点の信号はまだ赤である。車がビュンビュン走っていて振り切って逃げるわけにもいかない。

上司「おい、お前交差点飛び込めや。車にあたって慰謝料もらってこい。会社への迷惑料や」

私は冷や汗が止まらなかった。ここで何か言い訳をしても火に油を注ぐだけだ。

信号が青になる。

人が歩き出す。

われわれも歩き出す。

スクランブル交差点の真ん中くらいに差し掛かったとき、
私は「すみませんでしたーーーー!!!」

と言って地面に額をつけて土下座した。

先輩・上司「いや、そんなんええから。もうやめて。ほんまにええって」

お怒りになっていた先輩と上司はドン引きだった。

そのあと、社長のところにも行って謝罪をした。

私「すみませんでした！」

社長は何も言わず、私を一発殴り、椅子に座った。

私は床にうずくまっていると、先輩と上司が先ほどの土下座のことをしゃべりだした。

先輩「社長、聞いてくださいよ！　こいつさっきスクランブル交差点でいきなり土下座しだして、マジで引きましたよ（笑）」

上司「オレたちが怖い人やと思われるから、ほんまやめて（笑）」

社長「お前、おもろいことするなー、ハハハ」

土下座のおかげで、笑いのネタになり、ことなきを得た。というか、むしろ和やかなムードで円満にお別れし、これで私は完全に夜の世界から足を洗ったのであった。

いろいろあったが、ようやく真面目に学校に行きだした。

ようやく真面目に学校に行き始めた最中、私は尿膜管遺残症という持病を患っていたのだが、**その持病が再発した**。

あまり聞きなれない病名だが、フィギュアの金メダリスト羽生結弦選手もなったこともある、といえば思い出す人もいるかもしれない。病院に行ってすぐに手術をしたが、1週間ほどは歩くにも支障をきたすほどだったので安静にしている必要があった。当然学校にも行けなかった。

後日、医師の診断書を持って学校に行き、病欠なので欠席日数にカウントしないでほしいと頼むと、病欠であろうが欠席は欠席なので例外は認めないと言われ、留年は確定したかに思えた。

やはりクズはクズ。

人は簡単には変われない。

しかし、ここであきらめればもっとクズである。

専門学校を辞めるにせよ留年してもう一年通うにせよ、勉強はしないといけない。

それからというもの、私は真面目に学校に行き、授業を受けた。

テストの成績もよくなり、6つあったクラスの一番下のクラスから、下から二番目のクラスに上がることができた。

不真面目だった私が懸命に努力している姿を一人の先生が見ていたらしく、病気で学校にこれなくて留学できないのは可哀そうだということで責任者に掛け合ってくれ、なんとか留学できる運びとなった。

アメリカへの留学費用は高額である。私が留学していた当時は1ドル80円台の円高相場であったが、それでも年間の学費はカレッジで100万円、カリフォルニア大学では300万円近くかかったと記憶している。

アメリカでは留学生のバイトは制限されており（週に20時間まで）、奨学金も留学生がもらえるものは少ないので、高額な学費を理由に留学できない人がたくさんいるなか、私のまわりでは働きながら留学をしている人がけっこういた。

クラブイベントの企画やバイヤーをやっている人、元料理人で留学している人は寮の学生に毎晩料理を作るかわりにお金をもらったりしていた。ちなみに当時の私の彼女は、学生時代に輸入ビジネスなどで起業し、学費を一人で稼ぎ、カリフォルニア大学ロサンゼルス校（UCLA）を卒業した。海外留学している人はとにかくバイタリティに溢れた人が多い。

私はろくに貯金もしてなかったので、アメリカで中古車ディーラーの手伝いをやったり、割のよい治験（未発売の薬の人体実験）をやったり（明らかに体調が悪くなったり吐くこともあったりしたが）、夏休みは3か月もあるので、その間日本で働いたり、親や祖父母の老後の貯えを拝借したり……と、なんとか留学費用を工面した。

ようやく渡米へ

アメリカに行って間もなく鬱になる

アメリカの大学に入学するにはTOEFLという英語テストが必要であったが、私の場合は元がバカなので、1年間留学準備をしたのにもかかわらず、入学基準には遠く及ばず、現地の英語学校に入ることになった。

私は、自身を律するため、授業が厳しいと言われるワシントン州シアトルから車で1時間くらいの田舎町にある語学学校に留学することになった。

田舎町で山を登ったところにある学校の寮に入ることになったのだが、私の入った寮は一言で言うと「無法地帯」であった。

どこかの部屋で毎日パーティーが開かれ、誰かが爆音で音楽を流し、みんなマリファナやドラッグを吸い、寝る時間になるとどこかの部屋でセックスしている声が聞こえ、ドラッグディーラーが寮のなかでクスリを堂々と売りさばいている。たまに派手なケンカもある。寮を巡回する警備員がいるのだが、警備員も生徒に交じってマリファナを吸っているという始末である。

私の部屋は韓国人とアメリカ人のルームメイトがいて、パーティルームではなかったものの、アメリカ人の友だちのホームレスがたまに泊りに来たりして、とにかく寮はよい環境とは言えなかった。

ある日、アジア人の友だちと学校の近くを歩いていると、車が横付けされ、白人が車から

アメリカ留学時代の著者（写真中央）

顔を出し、何かを叫んでビール瓶をわれわれに向かって投げつけてきた。

ケガこそしなかったものの、われわれはビールまみれになり、落ち込んで無言で寮に帰った。

噂によると、このあたりの地域は人種差別が多く、ほかにも、留学生が駐車場で殴られたり、学校のトイレで殴られたりといった事件が絶えなかった。

このご時世になっても、アメリカには人種差別はどこにでもあるのだ。


この事件を皮切りに、私はアメリカに行って間もなく鬱になってしまい、勉強もまったく手につかなかった。私が留学したワシントン州の天気は一年のうち３００日が雨という陰鬱な気候であり、この気候も鬱を加速させた。

「もう留学なんてやめて日本に帰ろうか」と考えていた。

私は、ついに現実逃避のため、ワシントン州から逃亡する。

光溢れるカリフォルニアへ

とにかくワシントン州から抜け出したいと、私は洋楽・洋画好きだったため、以前から憧れていたエンターテインメントの街ロサンゼルスに飛び立った。

LAの空港を出た途端、目に入ったのはまぶしい限りの日差しとパームツリーに青い空。ワシントン州と違い、温暖な気候であるため、みんなTシャツにサングラス。

私は、一瞬でLAへの移住を決意した。

LAは年中青空で、綺麗なビーチもあり、ハリウッドやダウンタウンにはライブハウスもたくさんあり、エンターテインメントに溢れた街である。

そして、ロサンゼルスのコミュニティカレッジに入学する。

（留学生の多くは、コミュニティカレッジと呼ばれる2年制の学校に入り、その後4年制大学に編入する）

カレッジに入ってからは、勉強だけしていたのでは私の精神がやられそうだったので、趣味でバンドを始め、ＬＡのライブハウスやイベントなどでライブをしたりした。

自分の好きなことは趣味として続けたほうがいい。私の場合はこれをやることで精神が安定し、勉強にも身が入った。いつしか英語も普通に話せるようになっていた。

クラスにはアメリカに1年以上住んでいるのにもかかわらず、日本人ばかりとつるんで日本で遊んでいるのと変わらない生活をしているせいでほぼ英語がしゃべれないような日本人もいたが、私は授業を真面目に受け、アメリカ人とバンドをやったりしていたおかげで授業で普通に発言ができるレベルになっていた。

アメリカにいたときはテスト前は目が疲れて充血し、よく結膜炎になった。また、テスト前は椅子やソファで寝たりしていたので、背骨が歪んだのか、留学してから**身長が1～2センチメートル縮み**、帰国したときに友だちに驚かれたものである。

努力の甲斐あって、カレッジでの成績はクラスでつねにトップクラス。成績はよい順にＡ～Ｆまであるのだが、卒業間近までは私の成績は**「オールＡ」**だった。

アメリカで感じたこと

留学当時、日本人留学生よりも韓国人や中国人の留学生の数が圧倒的に多かった。日本からアメリカへの留学生は1997年をピークに昨今は半数以下にまで減少している。また、日本からの留学生は語学留学生や交換留学生が多く、数か月遊ぶために滞在して日本に帰っていくケースが多かった。

一方で、韓国人や中国人の留学生はアメリカで学び、母国に帰った後は祖国に貢献するというような明確な意思を持っている人が多かったように感じる。

こういった状況に日本人として若干の危機感を感じていた。

また、私が留学していた当時、トヨタ自動車の大規模リコールがあり、連日メディアで報道されていた。私は、トヨタの社長がアメリカの議会の公聴会で袋叩きにあっていたのをアメリカでリアルタイムで見ていたのだ。

一方、韓国の家電や自動車は堅調で、中国も北京五輪の後も急激に経済成長を続けていた。

こういった経済状況もあり、アメリカにいながら日本のプレゼンスがどんどん低下していくのを肌身に感じていた。欧米のビジネススクールでも昔は日本式の効率的なビジネスプロセスなどを数多く取り上げていたが、今では日本企業がケースとして取り上げられることは少ない。

日本にいるとまったく気づかなかったが、日本は世界から見放され始めている。

テレビでは日本にいる外国人を取材したり、日本の会社やサービスを外国人が称賛している番組がたくさんあり、日本が世界から愛され、敬意を持たれているような錯覚に陥るが、もちろんそういう人は少数存在するものの、現地の外国人と話していると、日本について興味がないどころか、**「今後衰退していく国」**といったネガティブな印象を抱いている人も多い。

こういったことがあり、私がコンサルタントとして日本企業を支援したいと考えるモチベーションの増加にもなった。

そして、海外に出て初めて自分が日本人であることを本当の意味で自覚した。外国人と話すと、あらゆることに対して「日本ではどうなの？」とか「日本人としてどう考えるの？」と聞かれる。日本にいてまったく意識したことがないことも聞かれたりするので面食らうことも多々あったが、日本人として意見を述べなければいけないのである。

そういったことがあり、日本人としてちゃんとした意見が述べられるようにならなければいけないと思うようになったし、日本人であることが誇れるような日本にしていかなければいけないとも思った。

カリフォルニア大学合格

思いがけない試練

私がアメリカに来た目的は経営コンサルタントになるため、英語と経営学を学ぶことである。私が憧れる大前研一氏はもともとは理系のエンジニアで、数理的・科学的なアプローチで国内で経営コンサルティングをやってきた第一人者である。

いろいろと大学について調べていると、**カリフォルニア大学サンディエゴ校**（UCSD）

に**マネジメント・サイエンス**（経営科学）という専攻があり、これに興味を持った。

経営科学とはまさしく、「経営」を「科学」し、数理的・科学的なアプローチで問題解決をする学問体系であり、私にとってはまさにおあつらえ向きであった。

当時、西海岸の名の知れた大学で経営科学専攻を有しているのはＵＣＳＤのみであったので、私は迷わずこれに決めた。ＵＣＳＤは理系分野に強い学校で、ビジネス・経済分野でも全米でトップクラスの大学であった。

アメリカの大学は専攻によって入学難易度が激しく異なる。

たとえばカリフォルニア大学のトップ数校で経営学、経済学、コンピューターサイエンス等の専攻は非常に人気があり、倍率は優に10倍を超える。

（ちなみに、米国大学の統計を発表しているＣｏｌｌｅｇｅ Ｆａｃｔｕａｌの専攻別のランキングによると、ＵＣＳＤはマネジメント・サイエンス（経営科学）分野で全米1位となっている）。

経営学分野で編入するには成績がほぼオールＡ＋ボランティアなどの課外活動で成果を出す必要があると言われていた。

しかし、私は経営科学以外は考えなかった。また、カリフォルニア大学に落ちたときのことも考えなかった。

オールAの成績をキープしてカリフォルニア大学に入るということしか頭になかった。

しかし、ある日のことである。

足に違和感を感じ、その違和感がずっと続いていたので病院に行ったところ、腫瘍があるとのことだった。医者に「腫瘍が大きいので摘出したほうがいい」と言われ、全身麻酔手術で腫瘍を摘出した。

幸いにも良性の腫瘍であったが、まがりなりにも全身麻酔を要する手術である。安静にして経過観察をする必要があった。

そのため、試験前に授業を1週間ほど休み、試験の対策も十分にできなかったため、その学期、**Bの成績を取ってしまった**。オールAを目指していた私にとっては非常に大きな落胆であった。

前にもこんなことがあった。

アメリカに行く前も持病が再発し、留学が危うくなった。

私は勉強をすると体が拒否反応を起こす体質なのか？

カリフォルニア大学のトップ校に経営学専攻で編入するにはオールAでなければ難しい。「終わった。これではもう受からない」と思いつつも、大学の出願の締め切りが迫っていたため、急いで出願をした。

出願結果を待つ間、カリフォルニア大学以外の選択肢も検討しなければ、とあきらめかけていたところ、カリフォルニア大学からメールが届いた。

メールの出だしには、

「Congratulations!」

という文字が書かれていた。

思いもかけない合格通知が届いたのであった。

自分の居場所が担保された喜びと夢にまた一歩近づいた喜びで泣きそうになった。

日本で受験はしたことがないが、行きたいと思っていた大学に受かるのはこんなにもうれしいのかと感動した。

私の人生、紆余曲折あったが、経営コンサルタントになろうと決めて、なんとかアメリカの大学に入学することができた。

しかし、アメリカの大学は入学は簡単で、卒業が難しいと言われることが多い（実際は入学も卒業も難しいのだが）。

なので、ここで安心はできない。大学に入学してからはもっと努力しなければならない。

カリフォルニア大学での「知」の授業

私が通った大学では、「近代世界の創造」という思想の授業が必須科目になっていた。

私の学生生活で一番印象に残った授業である。

私が学びたいビジネスや経営学と何の関係もないので、最初はまったく興味がなかったが、この授業は私のこれからの長い人生で**「学び」を続けるための礎となった。**

このクラスでは、ギルガメシュ叙事詩や聖書から、ホッブズ、ロック、ルソーといった啓蒙思想、アダムスミスの国富論など広範なトピックを学ぶ。そのため授業は非常に難解でタフであり、落第する生徒も多い。

このクラスは、一言で言うと、世界中の思想、哲学、文学等を学ぶ授業なのだが、授業のなかで何度も出てくるキーワードがある。

それが、「Wisdom（知）」である。

たとえば、旧約聖書のヨブ記という話のなかで、ヨブという主人公は自身の子どもが死んだり、財産がすべてなくなったりと、立て続けに酷い目にあい、ヨブは神に抗う。しかし、最後には神と対峙し、神に創られた自身の存在を知覚する（「知」を得る）。その後の余生は神を崇拝し、幸せに過ごした。

あるいは、ゴータマ・シッダールタ（いわゆるお釈迦様）は、シャカ族の王子として生まれ、優雅な暮らしが約束されていたにもかかわらず、世俗には苦しみがあることを知り、苦しみから解放される方法を求め、旅に出る。

つまり、「知」を得たことがきっかけで修行を始め、壮絶な苦行の末に悟りを開いたのである。

授業のなかで、このようなストーリーを幾度となく読む。

物語の主人公が、世界の思想的リーダーが、あるいはその信奉者が「知」を得るタイミングを繰り返し読んだ。

思想や哲学は、「生き方」や「学び方」といった根底にあるものを教えてくれる。

「生き方を思考する」「学び方を学ぶ」「考え方を考える」というような学問であるため、大学に入ったばかりの小僧が学ぶには非常によい学問だ。


そして、この授業を教えていた教授も素晴らしかった。

私が、この授業の終わりに教授のもとへ行き、授業が素晴らしかったことを伝えると、教授は私にこう言った。

教授「キミは日本人か。私は最近、『おくりびと』という日本の映画を観たんだが、君は観たことがあるかい?」
私「いえ、観たことないです」
教授「あの映画は、主人公が納棺師という仕事をやっていて、最初は嫌々やっていたんだが、最後に父親を納棺師として送り出すんだ。そのとき、父の愛や納棺師の仕事のやりがいに気づく。つまり、物語の最後で主人公は「Ｗｉｓｄｏｍ（知）」を得るんだ。キミも観てみるといい」

教授はアメリカで生まれ育ったアメリカ人である。

私は、文学や思想だけでなく、日本の映画までチェックしている教授の見識の広さに感銘を受けた。そして、普段観る映画を教授の独特の観点で観ていることには感服するばかりである。

この授業を通じて、何かを学ぶ前段階において、「学ぶ意味を考える」、そして「学び方を学ぶ」といった根本の能力を獲得することができた。

私の大学の恩師に言わせれば、「Ｗｉｓｄｏｍ」を獲得できたのかもしれない。

これは、いわゆる「知」や「知恵」と呼ばれるものかもしれないし、「悩むこと」や「思考すること」「疑問を持つこと」ということかもしれない。または、「知覚すること」や「何かに価値を見出すこと」かもしれない。

「スキル」や「技術」とは違い、磨き上げ、向上させるものというよりは、「獲得する」、あるいは「気づく」ものだと思う。

振り返れば、私の人生、大前研一氏の「知」に触れ、学ぶことを志し、大学でまた新たな「知」に触れ、今後の人生、学び続けることができるようになった。

アメリカに来てさまざまな授業を受け、学ぶことを続けていると、いつの間にか勉強がまったく「苦」ではなくなっていた。むしろ、**新たな知識を得ることに喜びや楽しみを感じるようになっていた。**

学ぶことは本当に大切である。

学ぶことによって、新しい知識を得られるだけでなく、素晴らしい教授や優秀な学生との素晴らしい出会いがある。さまざまな志を持った人との出会いがある。

一方、学べば学ぶほど、自身が無知であることもわかってくる。ときには自身の無知さ加減にいやになったりもしたが、いろいろな「学び」のあった大学時代だった。

オックスフォード大学に入るまで

コンサルティング会社での経験

大学時代、就職活動はといえば、コンサルティング会社一択と考えていたが、「いろいろな業界を見てみたい」と、他業界の会社にも話を聞きに行った。海外の学生を積極的に採用する会社はどこもアグレッシブで魅力的に映った。興味を持った会社は面接も受け、内定もいただいた。

外資系投資銀行、外資系ＩＴ企業、グローバルメーカーなど名だたる企業から内定をいただいたが、最終的には日本企業の海外展開や、政府への提言などを得意とするグローバル・コンサルティングファームに就職することに決めた。

こうして、高校を中退し、どうしようもないチンピラだった私が、コンサルティング会社に入社し、企業を支援する経営コンサルタントとなった。

コンサルティング会社に新卒で入社する人たちは名門大学を卒業した超優秀な人たちだっ

た。新卒のコンサルタントが5人集まれば、そのうち3人が東大・京大、2人がそれ以外の旧帝大や早慶出身といった具合である。大学で首席だったなんて人もいる。

しかも、みんな大学時代は外資系投資銀行やコンサルティング会社でインターンシップを経験し、大学のゼミや研究でバリバリ議論して鍛え抜かれた人たちである。

そんななか、私は高校中退のチンピラ。アメリカの大学で英語でのディスカッションをした経験は多少あるが、日本語で議論したことは無に等しい。

新入社員研修では、同期のみんなが経営のフレームワークやら理論やらを駆使して熱い議論を戦わせるなか、私はほぼ発言できないままに研修を終え、その状態でプロジェクトに放り出されたのであった。

コンサルタントは一年目から責任の大きな仕事を任せられるのが常である。

私は一年目から日米のクライアントを率いるチームリーダーのような役割をやった。アメリカオフィスのコンサルタントたちとの共同プロジェクトだったが、アメリカ側のメンバーはハーバードやスタンフォードなどの名門大学のビジネススクールを出た優秀なシニアコンサルタント。一年目の新人は私だけである。

ほかのコンサルタントたちについていくことで精一杯であったが、なんとかプロジェクトを完遂した。この後も次々と責任の重いプロジェクトを任せられ、毎日早朝から深夜まで、ときには土日や休日も働き、プロジェクトをこなしていった結果、いつしかチーム内で若手のエースとして認知されるようになっていた。

また、高校中退のチンピラでよかったこともある。

コンサルタントになる人たちはプライドの高い優秀な人が多い。そのため一度失敗や挫折をすると落ち込んで鬱になってしまったり、会社を辞めてしまう人も多かった。

私の場合、エリートとしてのプライドなんて微塵もない。失敗や挫折も何度も経験しているので痛くも痒くもない。そして、エリートとのもう一つの違いは、私は自分の居場所を失う怖さを知っている。自分の居場所を失わないために、しがみつくことを知っている。

ときにはかなりタフなプロジェクトに携わることもあったが、私は耐えることができた。

長時間労働とクライアントからのプレッシャーなどでプロジェクトメンバーは疲弊し、家にも帰れないので家庭が崩壊して離婚したり、鬱になってしまったりするメンバーが続出したが、私だけは平常心を保っていた。

自信がついた私は、その後も難易度の高いプロジェクトをこなし、コアメンバーとして活躍し、順調に出世し、年収も上がっていった。

順風満帆の最中、ふと疑問が湧いた。

「このままでいいのだろうか」

このままコンサルタントを続けていたら、三十代後半か四十代前半でパートナー（執行役員）になり、年収も2000万、3000万、4000万と上がっていくだろう。

何不自由のない生活ができるし、社会的に意義のある仕事もできる。

「しかし、本当にこのままでいいのだろうか」

私はこれまでの人生で、多くの人に出会い、多くの人に助けられ、多くのことを学んだ。

今の私は、私を育ててくれた社会に恩返しができているだろうか。

今、ゼロに戻って自身を見つめ直すとどう感じるだろう？

コンサルタントを続けたいと思うだろうか、あるいは別の道を歩むだろうか。

私は、これまでの人生の振り返りとこれからの人生の可能性を探るため、人生のチェックポイントという意味でも大学院に行くことに決めた。

一度会社組織を辞め、まっさらな状態で大学院に行き、また、さまざまな人から「知」を得て学び、そのうえで、私は何を考えるのだろうか。

大学院で学び直す

大学院にいくのであれば、やはり各国からさまざまなバックグラウンドの人が集まるMBA（経営管理学修士）プログラムに行きたいと思った。

欧米のMBAプログラムには世界中のエリートが集まり、MBA修了後には名だたる大企業の幹部候補として就職したり、最近では起業をしたりするケースも多い。日本では、楽天の三木谷社長などが海外MBA取得者として有名である。

MBA課程に入学するには、大学の成績、職務経歴、英語試験の成績、共通テストの成績、エッセイ、推薦状、面接などが必要で、出願してくる人たちは世界中のエリートなので入学は非常に難しい。

東大や京大を出た官僚やエリートビジネスマンが受験勉強や入学準備に2〜3年かけても志望する学校に入れないなんていうことがザラにある。

私はコンサルティング会社で働くかたわら、半年間集中して留学準備をおこない、アイビーリーグ校（アメリカのトップ大学）を含む世界の名だたる大学から入学許可をいただいたが、最終的には**オックスフォード大学**に決めた。

オックスフォード大学はイギリスの最高峰の大学で、最新の**Timesの「世界大学ランキング」では1位**に選ばれていた。

最終的にオックスフォード大学に決めたのは、従来のビジネスエリートを養成するようなビジネススクールとは違った次のような特徴があり、さまざまな「知」を私に与えてくれそ

うだったからである

1. 「社会にインパクトを与えるリーダーを育てる」と謳っている唯一の学校である
2. オックスフォード大学の他学部の学生や研究者と交流し、切磋琢磨することができる
3. 世界最古の大学の一つとして、何世紀にもわたって学問を教えてきた大学である。ビジネス以外にもさまざまな「知」が集結、蓄積している

イギリスの生活費とビジネススクールの学費は高額であり、1年の留学で1000万円程度はかかるのだが、その大半は借金やローンで賄うことになる。

貯金は数百万円あったが、イギリスに行く直前、私は貯金のほぼ全額をはたいて彼女に「ハリーウィンストン」のダイヤの指輪を買ったため、貯金はなくなってしまった。

コンサルタント時代、年収は1000万円以上あったが、学生に戻るので収入はゼロになる。それどころか学費の支払いで1000万円近い借金。

このような身であるにもかかわらず、大学で学び直すという選択をしたのは、何事にも代

えがたい、新しい「知」を得ることができると確信しているからにほかならない。

これまでの人生で得た「知」が私を救ってくれた。

私の活路を見出す手助けをしてくれた。

そして、私の人生を豊かにしてくれた。


大学院で学ぶと同時に、ゼロベースで自身を見つめ直し、今後の糧にしたい。

これからオックスフォード大学の「知」に触れる期待に胸が膨らんだ。

夢のスタートへ

私は、これまでの人生、学ぶことで、留学することで、あるいは素晴らしい「知」を得ることで、人生を変えることができた。

人生という修行をスタートすることができた。

私自身、まだまだこのうえない未熟者である。

これからの人生、死ぬまで学び続け、修行を続けたい。

しかし、学ぶだけでは駄目で、学んだことを社会に返して、社会をよくしなければいけない。

自分自身、プレーヤーとして何かを成しとげたいと思う一方で、将来的には、学習やキャリアで迷っている、あるいは人生のどこかでつまずいてしまった若者の学習やキャリアを支援するようなことをやりたいと思っている。

政治家になって、私のように学校教育からドロップアウトしてしまった若者のセーフティネットを創るのもいいし、民間で学校を創ってもいい。私塾を創るのもいい。あるいは、留学を志す若者や進路やキャリアに悩む若者の相談にのったり、支援をするのもいい。

また、「学ぶ」という強い意志があれば誰でも学ぶことができるように、奨学金基金を創るのもいいかもしれない。

将来やりたいことが多すぎて私の残りの人生足りるかどうかわからないが、これからも精一杯学び、精一杯社会をよくしていきたい。

学ぶことは素晴らしい。

2

学ぶということはどういうことか

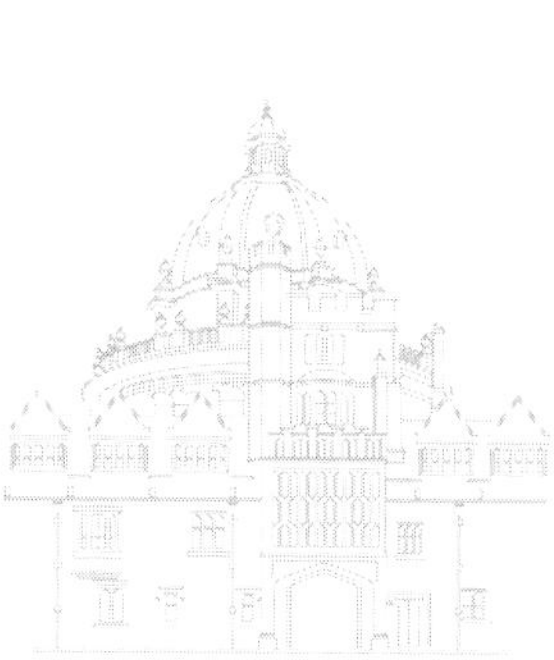

なぜ人は学ぶのか

何かを習得するにあたって、習得する対象を「ハードスキル」と「ソフトスキル」に分けることが多々ある。

ハードスキルとは体系化された学問であり、講義や書籍、あるいは人に教えてもらったりして学ぶもの。**ソフトスキルとはコミュニケーションやリーダーシップ**といったおもに経験から学ぶ要素が大きいものである。

日本で勉強法、学習法と言えばおもにハードスキルの習得方法を指す。本書でもハードスキルの勉強法を中心に述べていきたい。

それに加えてもう一つ大切なのは、「モチベーションの維持」「学習意欲の維持」ということである。

本書のなかで、これまでの自身の経験を語ってきたのは、こういったモチベーションや学習意欲をどのように獲得したのかを一例として読者の皆様に知っていただきたかったからにほかならない。

何かを学ぶということは、**「インプット」→「アウトプット」→「インプルーブメント」といったプロセスの繰り返し**であるとする。

講義や読書などによって知識のインプットをおこない、自身の言葉で咀《そ》嚼《しゃく》して理解する「インプット」。

得た知識を使って問題を解いたり、人に教えたり、考えを共有したりする「アウトプット」。

それから、自身の間違いを正し、弱点を知り、学び直す「インプルーブメント」。

これらを繰り返すことで自身のスキル・知識として定着化させることがいわゆる学習であるが、これらのプロセスを繰り返す原動力となっているのが学習に対する意欲・モチベーションである。

これは、ハードスキルやソフトスキルといったスキルとは違い、人生のあるポイントで知覚し、そして生涯にわたって学習を続けるための動機づけをおこない続けるということである。

下図のように、「インプット」「アウトプット」「インプルーブメント」といった学習サイクルを回すための歯車が学習意欲・モチベーションといったものである。

動機がなければ勉強しないかモチベーションが低いままに勉強しているかのどちらかである。

親が勉強をしない子どもに対して「勉強しなさい」というのは基本的には無駄である。なぜなら、勉強をしない子どもは勉強をする動機がないからである。本来であれば「〜だから勉強しなさい」と言わなければならないのだが、親にも勉強をする当人にも「〜だから」の部分を持ち合わせてい

●継続した学習のイメージ

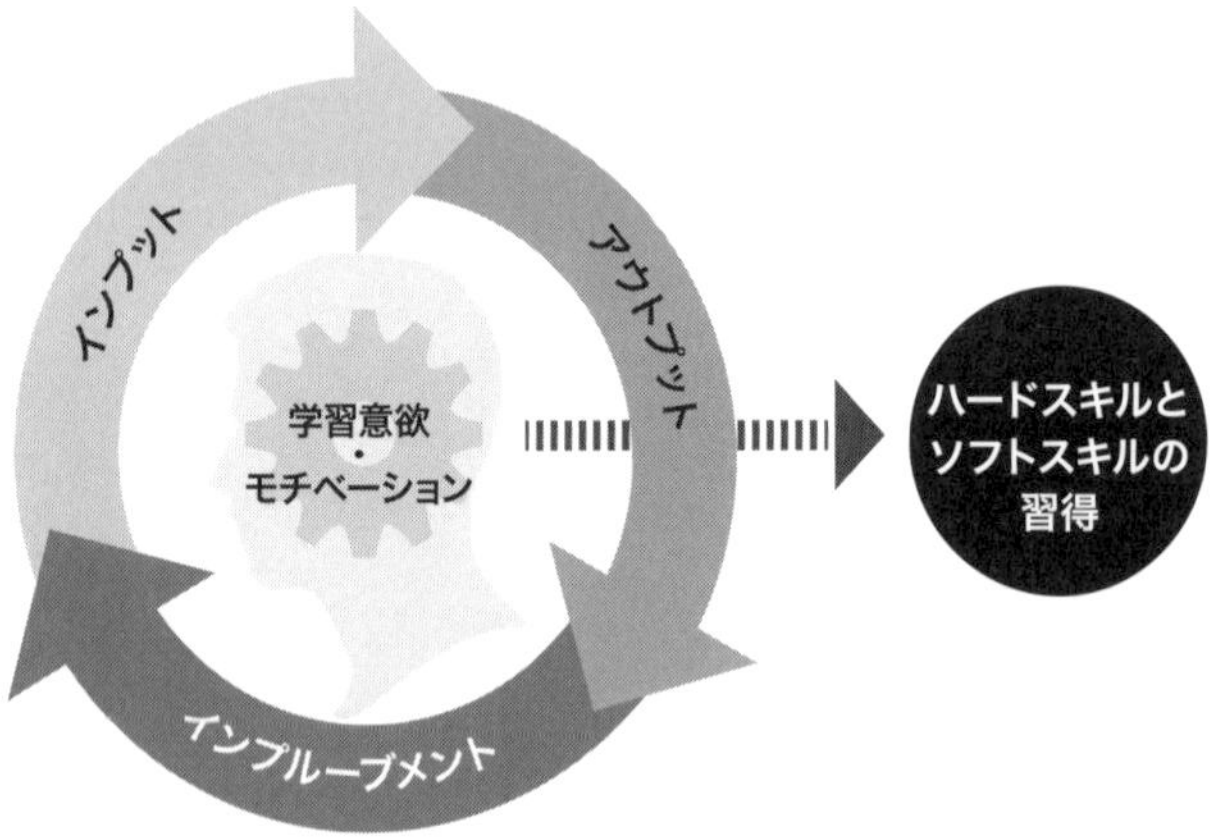

ないというのがほとんどのケースである。

生涯において持続可能な継続した学習をするためには、次の3点が重要である。

①学習の動機づけ
学習の動機を持つことによって学習意欲を高める
②学習の習慣化
高められた意欲を一過性のものでなく継続的なものにするための過渡期
③継続した学習
生涯において学びを続けるための仕組み

高い学習意欲を発揮するには、「①学習の動機づけ」となる出来事による高いジャンプがあるといい。

私の場合は、人生のどん底の状態から大前研一氏の本を読み、氏の「知」に触れ、感銘を受け、「学びたい」と考えるようになったことである。

次に、「②学習の習慣化」が必要である。

すでに勉強をする習慣のある人には必要ないが、自身は勉強をする習慣がまるでなかったので、音楽を聴きながらでも、お酒を飲みながらでもいいのでとにかく机に向かう習慣を作り、「ながら勉強」をしていた。

やる気がなくても、とにかく机に向かう、本を手に取る、問題を解くといった行動を先にすると脳が後からやる気になるといった話もあり、しだいにキリのいいところまでやらないと気が済まなくなり、案外気がつくと集中しているものである。

また、寝る前の30分間は英単語の勉強をする、あるいは問題を10問解いたらＹｏｕｔｕｂｅなどで動画を10分見てまた問題を10問解く……といったようなルール・習慣を自らに課したりもした。

あとは、家に帰るとなかなか勉強しないので、アメリカでは普通の講義のほかに随意受講の補講があり、そういった出なくてもよいクラスにもすべて出席して、その時間で復習をしたりした。

そして、「③継続した学習」をするために、インセンティブ（目標を達成するための誘因）を定期的に、意図的に与えることが重要である。

自身の場合は、**「新たな知を得る」**ということと、**「危機感」**がインセンティブになっている。

「新たな知を得る」ということに関して言うと、普段から書籍や講演等を通じて新しい知識を得て、さらに深く学ぶことで、学ぶ楽しみを得るというものである。

また、コンサルティングファームやビジネススクールといった「新たな知」を得ることができる環境に身を置くことで意図的に自身が学びを続けられるようにしている。

「危機感」とは逆に新しい知を得ることで自身の無知さを認識するということである。

私は頻繁に著名な経営者やビジネスパーソンの講演や交流会などに出席し、そういった方々とのコミュニケーションをおこなうようにしている。

というのも、一流の方々と今の自身との歴然とした「差」を認識することで意図的に危機感を作り、「もっと努力しなければ」と思えるような動機づけをしている。

一方で多くの人は、**「同調による学習」**をしていると感じる。

つまり、「まわりの人が勉強しているから私も勉強しよう」「みんなが大学に行くから私も大学に行こう」「みんなが読んでいる本があるから私も読んでみよう」といったことが学習の動機づけとなっているということである。

そのような場合、多くは大学に行くことが目的化してしまっている。つまり、大学に入るのがゴールだと思ってしまうのである。大学に入ったところで人生のスタート地点にすら立てていないというのに。大学に行くのは手段であって目的ではない。本来は学んだあとに何をするのかが重要ではないだろうか。

「～だから勉強する」の「～だから」の部分が重要ではないだろうか。

「その先にやりたいことがあるから勉強す

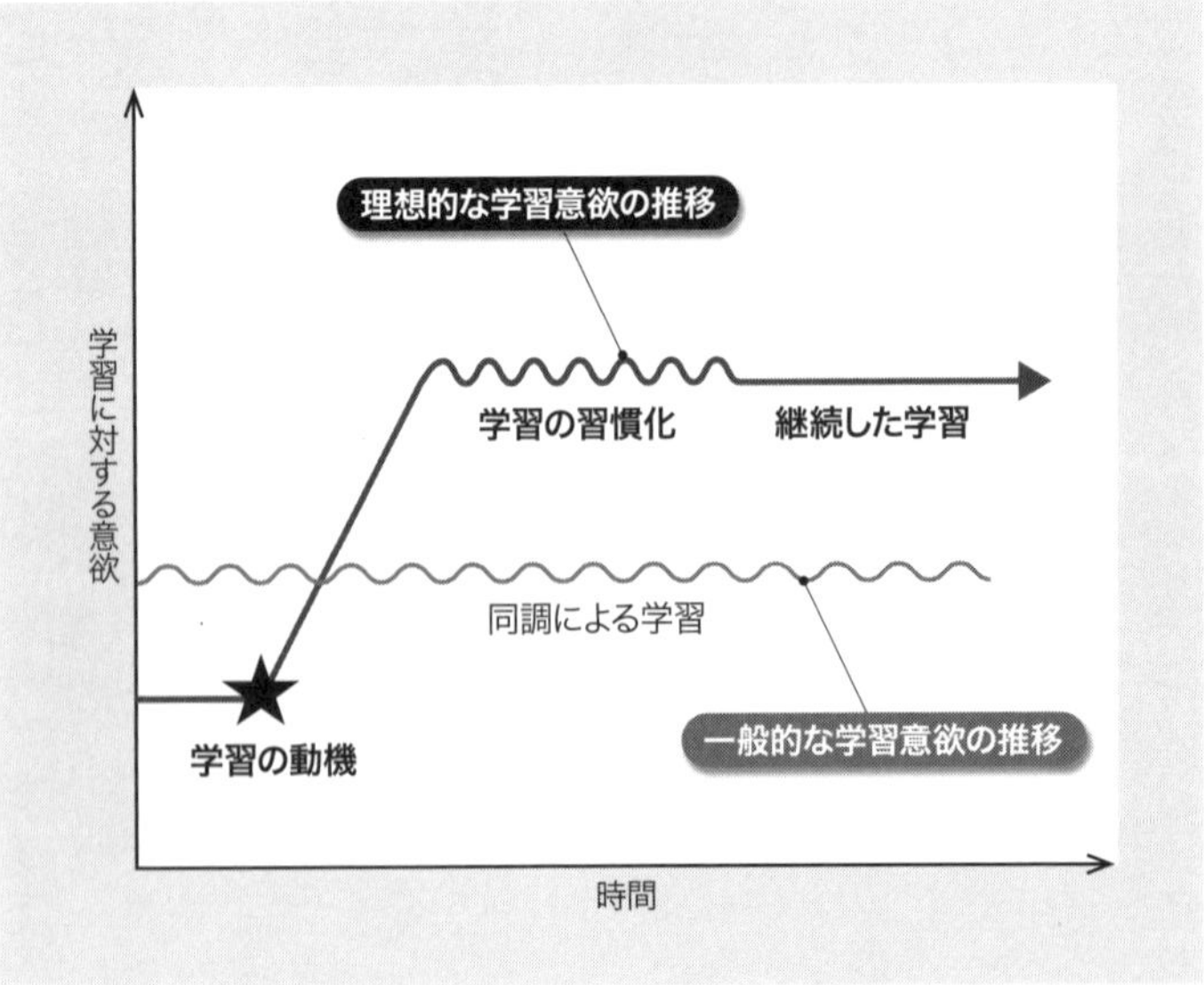

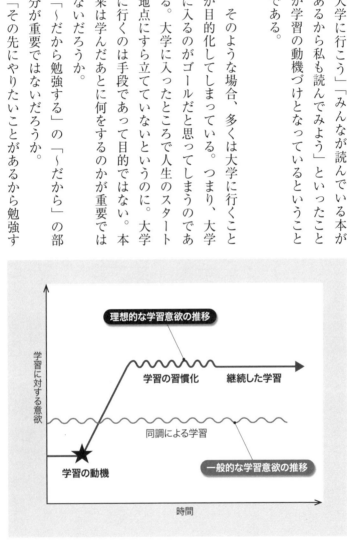

る」というのがベストだが、「勉強が好きだからでもいい」「他の奴との競争に勝ちたいから」でもいいかもしれない。

このような動機で、本当に生涯にわたって学習を続けることができるだろうか。

学習によって高い効果を得られるだろうか。

一歩立ち止まって考えてみてほしい。

「なぜ学ぶのか」。

時間は平等ではない

学習をするうえでセンス、才能は実はあまり関係ないのではないかと思う。生まれながらにして天才というような人はごく稀《まれ》にいるようだが、ほんの少数である。私自身、そんな天才には生まれてこの方出会ったことがない。

学習ができる人、頭がよいといわれる人は、多くの場合、**時間を効率的に使って学習をしている人たち**なのである。

時間は1日24時間、これはすべての人に平等に与えられている。しかし、こと学習時間においては、すべての人にとって平等と言えるだろうか。学習時間が平等ではないと考えられる理由として、おもに三つあげられる。

一つ目に、学習に使える時間は人によって違う。

学費や生活費を稼ぐために、あるいは家計を助けるためにアルバイトをたくさんしなければいけない人がいる。大学生はもちろん、高校生、あるいは中学生でもそういう人はいる。家業を手伝わなくてはいけない人もいるし、地域の行事や取り組みに参加しなければいけない人もいる。

家族に重大な病気を持った人がいて看病しなければいけない、あるいは介護が必要な人がいて介護しなければならないという人もいるだろう。

またあるいは、自身の意思とは無関係に災害や事故で学習ができない期間が発生してしまうケースもある。

つまり、なんらかの理由によって学習にあてる時間が限られている人が少なからずいるということである。

二つ目に、子どもの頃の「積み重ね」によって、成長したときに時間をより高度な学習にあてることができる人とできない人がいる。

子どもの頃に効率的な学習ができるかできないかで積み重ねに差がつく。

たとえばピアノの習いごとで、著名な音大を出た先生にマンツーマンでピアノを手とり足とり教わるのと、ヤマハ音楽教室の30人の教室でドレミの歌をみんなで歌うのと、どちらが学習効率がよいか。

おそらく前者だろう。学習効率が高い、つまり速く学べるということは時間を有効に使えているということとなり、ほかの人よりもたくさん時間があるのと同じである。その余った時間を使ってさらに高度なことを学ぶことになるので、どんどん差が開いてしまうのである。

ピアノの例でいえば、前者は子どもの頃に基礎ができあがっているので成長してからは「表現を磨く」とか「正確な演奏をする」という高度な練習ができる。後者は同じ年になっても運指やテンポコントロールなど基礎的なことをやる必要があり、表現力を磨くようなトレーニングはその後というように時間がかかってしまう。

学識が高く、効率的に学ばせる方法や子どものモチベーションを上げる方法を知っているような親とそうでない親の子どもでは、幼少期の実力に差がつくことは明白である。子どもが時間が有効に使える、ということは時間がほかのことにもたくさん使える。その浮いた時間を使ってさらに高度なことを学ぶ、といったサイクルができあがる。

所得が増えるにつれて教育にかけるお金が増えるという統計もある。東大生の親の平均年収は1000万円といわれている。東大生は中学受験をしている子が多い。そうすると、中高一貫で上質な教育を得られるということになり、「積み重ね」が相対的に他の子どもよりも多くなる。

アメリカでは自由の国というわりにはもっと顕著で、アイビーリーグというトップ校に入る学生は、親もアイビーリーガーというケースが多い。大学の出願書類に親がアイビーリーグを出ているかどうかを書く欄まであるのだ。あとは、親が大学に寄付をするケースがあり、そういう場合、子どもは高確率で大学に入れる。ある種、親の学歴や収入による子どもの学力の差を肯定しているのである。

欧米では世界中の優秀な人たちと戦わなければいけない。私がアメリカに留学していたころの留学生の友人は、中国やベトナムの富豪やカンボジアの王族の子どもなんて人たちがごろごろいた。小さい頃から家庭教師をつけて英才教育をおこない、もともとの学力水準が高い人たちばかりだ。

そういう基礎がしっかりしている人とまともに高校にも行っていない私のような人間がヨ

ー・ドン！　で同じ内容の学習をして果たして勝てるだろうか。

これまでの積み重ねがある分、前者のほうが大分有利に違いない。

こういったことは事実として受け入れなければならないし、かといって悲観的になってはいけない。過去に勉強してこなかったのを今さら悲観してもしょうがないし、教育に熱心な家庭に生まれてこなかったことを悔やんでも身もふたもない。

幸運なことは、多くの場合、「勉強ができる人」というのは当人の生まれつきの才能やセンスではなく、「時間を効率的に使える人」ということである。

重要なのは、そのうえで「今から何をするか」。

生まれつき天才という人はほぼ存在しない。時間を有効に使い、努力を続けている人が世間で天才と呼ばれることのほうが圧倒的に多い。

つまり、努力を続けていれば先にあげたような人たちと対等に戦うことだってできる。

しかし、彼らには過去に積み上げてきたものがあるので、そうでない人はこれからの時間を有効に活用することで早く積み上げていくしかない。

他の人に勝とうと思えば、他の人たちよりも濃い密度で学習をする必要がある。

最後の三つ目に、人はみんな「命の長さ」が違うということである。

仕事のできる人や成功している人ほど時間を大切にする。時間に対する意識が高いのである。一流の人は無駄な先延ばしはしないし、自分の時間を使うときも、相手の時間を割いていただくときも、1秒も無駄にしないようにする。

時間とは「お金」であり、「能力」であり、「楽しみ」であることを知っているからである。つまり、時間があればお金が稼げるし、自身の能力を磨くこともできるし、趣味などの楽しみができる。

そして何より、**時間とは「命」である**ことを知っているのである。

人は遅かれ早かれいつか死ぬ。いつ死ぬかは誰にもわからない。

平均寿命（日本の男性の平均寿命は80歳、女性は87歳）というものがあるが、これは早く死ぬ人も遅く死ぬ人も含めた平均なので平均寿命とまったく同じ年齢で死ぬ人のほうがよっぽど珍しい。

100歳まで生きる人もいれば60歳で死ぬ人もいる。つまり、人によって与えられた時間は不平等である。

10年後病気で死ぬかもしれない、1年後災害で死ぬかもしれない。明日、交通事故で死ぬかもしれない。

その貴重な「時間」を、「命」を使って、あなたは目標に向かって努力している。何かを成すために「命」を費やしている。

それを忘れてはいけない。

「だからできない」よりも「だからできる」

誰もが小学生のときに授業やまわりの大人たちから「あなたの夢は何?」と問われたことがあるだろう。これは簡単な質問のように聞こえるが、人生を考えるうえで**もっとも難しい問いの一つである。**

大人はこの問いに答えられる人は少ないが、人生でもっとも難しい問いにもかかわらず、小学生はみんな「野球選手になって活躍する」とか「医者になって人を救う」とか、最近では「ユーチューバーになって人を楽しませる」といったように易々と答えることができてしまう。

子どもの頃は簡単に答えられたのに、大人になってから答えられなくなるのはなぜなのだろうか。

人は成長して知識を得ることで、あるいは経験を積むことで、夢を達成するプロセスと夢を達成するのを阻む「壁」が見えてくる。そのなかで、「現実的ではない」「不可能だ」と自身で壁を作ってしまい、夢や志をあきらめてしまう。


たとえば、野球選手になるにはリトルリーグや中学で成果を出し、名門高校・大学に入り、輝かしい成果を上げてスカウトされるようになり、数百倍といわれる倍率を勝ち抜かなければならない。たとえ野球選手になれたとしても、よい成績を維持できるのはごく一部の選手だけである。

だから私には無理だ。


医者になるには倍率数十倍の難関国立大、あるいは学費が数千万円の私大に入って6年間必死で勉強し、国家試験をパスし、そのあと研修医として勤務しなければならない。医者になってからも、仕事をするかたわら最新の症例の勉強をしたりとプライベートな時間はほぼなく、日夜勉強を続けなくてはならない。

だから私には無理だ。

当然ながら、子どもの頃は夢を達成するプロセスとそれを阻む壁が見えていないので、容易に答えることができたのだが、具体的なプロセスが見えてくるほど、課題が見えてくるほど「できない」「やらない」という気持ちが強くなってしまう。

多くの人は何かにチャレンジするとき、できない理由をあげる。できない理由はいくらでも思いつくが、本来はどうすればできるのかを考えなくてはならないし、やってもいないのに諦めてしまうのは非常にもったいないことである。プロセスや壁が見えていて、なおかつそこで「こうすればできる」「目的達成のためにはこれをやる」という志向に変えていく必要がある。

ＨＯＮＤＡの創業者の本田宗一郎氏は「チャレンジして失敗を恐れるよりも、何もしないことを恐れろ」と言っている。

リスクを気にして何もやらないことのほうがよっぽどリスクであり、できない理由をあげるよりも、まずはチャレンジすることが重要である。

最近、トム・ピーターズ氏という著名なコンサルタントにお会いする機会があったのだが、彼は戦略やビジョン、計画を詳細に語るよりも、あるいはリスクや課題を実行する前から詳細に議論するよりも、「目前のことを死ぬ気でやれ」と言っていた。

企業の戦略・計画を考えるとき、5年先はおろか3年先の未来を正確に予測するのは不可能である。1年先ですら難しい。未来についてあれこれ考え、目標達成を阻む壁が見えたところで物怖じしていてはしょうがない。目の前の壁に死ぬ気で挑めというのである。

また、過去の延長で未来を考えてはいけない。

「過去の自分はこうだったから、自分にはできない」という発想が何かにチャレンジするのを阻んでしまう。

過去の自分にとらわれてはいけない。

「今」このときに行動すれば**未来の自分は必ず変えられるのだから。**

何か新しい試みをするうえで、一番簡単なことは「自分を変えること」。変えることができるものは「未来」「自分」。変えるのが難しい、あるいは変えられないものは「過去」、あるいは「自分以外のすべて」。過去は変えられないし、他人を変えたり、法律、教育などの仕組みを自身に都合のいいように変えるのは難しいだろう。

何か新しい試みをすると、必ず困難が立ちはだかる。挑戦し続けていると誰の前にも必ず「壁」が立ちはだかる。しかし、壁を乗り越え続けることが、人生において成長し続けるということではないだろうか。

「英語ができないから海外の大学には行けない」と考えるよりも、「英語をマスターして学力を上げて海外の大学に入る」。

「○○○だから競合に勝てない」と嘆くよりも、「○○○だから競合に勝てる」と考えることだ。

壁を「どうやったら越えられるのか」「どうすればできるのか」をつねに考え、実行してきたのが成功者と呼ばれる人たちではないだろうか。

アメリカの自動車会社フォードの創業者であるヘンリー・フォードは、まだ自動車が出回っていない時代に誰もが買える自動車を作ると言って自動車の開発に乗り出したが、7度の倒産、5度の破産を経験する。当時は馬車が主流で誰も自動車が普及するなんていうことは思いもしなかったが、試行錯誤の末に完成させたT型フォードは大衆車として広く普及し、人々の生活を変えた。

多くの成功者はたくさんの失敗を積み重ねて、失敗から学ぶことで成功している。成功の反対は失敗ではない。何もしないことである。

努力は何のためにするのか？

努力をしても必ずしも報われるとは限らないが、努力をする意義は大きく二つあると思う。

一つは、努力をしている姿を周囲の人が見ることで、周囲の人が助けてくれたり、協力してくれること。ヘンリー・フォードも彼に理解を示す出資者や仲間に恵まれて、T型フォードを世に出すことができた。

もう一つは、チャンスが来たときにそのチャンスをつかむことのできる実力をつけるためである。「努力した者が成功するとは限らない。しかし、成功する者は皆努力している」というのはベートーヴェンの言葉であるが、成功者は皆努力を積み重ねることでチャンスをつかむ成功確率を高めているのである。

将棋棋士の藤井聡太氏が当時四段で14歳、初詣に行ったときのことである。記者に何を祈願したのかを質問されて答えたのが、

「神様に将棋の祈願をしても意味がない」といった内容だった。

14歳の少年の答えとは思えないものである。運否天賦《うんぷてんぷ》に頼るのではなく、日々の修練を積み重ねることによって得た実力が勝敗を決するというごく当たり前のことなのだが、超一流がこれを言うと説得力が違う。彼の圧倒的な強さは日々の修練によって勝利する確率を高めているからにほかならない。

私の場合も、まわりの人が努力を見ていてくれて、専門学校すら落第しかけたところを助けていただき、留学することができ、留学をして学び、自身のやりたかった仕事をつかんだ。

何かに挑戦し続けるということは、簡単なことではなく、辛く、険しい困難が待ち受けている。

しかし、今何もしなければ、辛く、険しい困難よりも悪いものが待ち受けている。

それが、「後悔」。

何も学ばず、行動せず、チャレンジせずに今を過ごすと、歳をとったとき、あるいは死ぬ間際、こう思う。

「あのときに頑張っていれば」。

学習に終わりはない

学校で学んだことや書籍や講義を通して学んだ知識というものは、本当の意味で実はまだ身についていない。

学習をしていくうえで、「知識偏重になりすぎてはいけない」ということを申し上げたい。知識も重要だが、知識を得ただけですべてを悟った気になってはいけない。

学校で学んだり、本を読んだりして知識を得ることで、つい知った気になってしまう。しかし、実際にやってみると思いどおりにはならなかったというケースが少なくない。得た知識を使って、実際に行動し、経験し、修練し、生涯にわたって自身の糧としていくことが求められる。

中国の思想家である孔子の『論語』のなかで「学んで思わざればすなわち罔《くら》し」という言葉があるが、まさにこの言葉が正しい知識の身につけ方について教えてくれている。机上の知識を得たとしても、自身で納得して本当に理解するまで咀嚼し、また実践がなければその知識が使えるレベルで身につかないということである。

学校ではインプットが中心だろう。独学もそう。しかし、社会ではつねにインプットとアウトプットの両方が求められる。知識を得て、それを自身のなかで消化し、実践を通じて自身のものにしていかなければならない。

そもそも、学校では教わらないようなことも多い。たとえば本章の冒頭で述べた「ソフトスキル」がそうである。

ハードスキルは体系化された学問であり、一般的に学校で学ぶような学問はこれにあたる。ソフトスキルはコミュニケーション、ファシリテーション、リーダーシップなど経験から学ぶことが多分にある分野である。

欧米のビジネススクールでは、ハードスキルもソフトスキルも両方学び、実践もするのだが、普通の大学・大学院ではまずそのようなソフトスキルは学ぶことはない。学んだとしても実践するような機会は少ないだろう。

こういうスキルは働くうえで身につけていくしかないのである。社内でのポジションが高くなり、部下をマネジメントする立場となっていくにつれて、こういうスキルがさらに重要度を増す。ハードスキルは勉強すれば身につく。しかし、こういうソフトスキルは、普段から一緒に働く人の感情やモチベーションに気を配ったり、顧客のニーズを深く理解したりといったことをしないと身につかない。


大学に在学しながらでもこういうソフトスキルを学ぶことはできる。働けばいいのである。

私は大学時代、夏休みに日本に帰って3か月間、法人向けの飛び込みの訪問販売をやった。コンサルティングファームではマネジャー、あるいはパートナー（役員クラス）が営業をやると聞いていたため、社会人になってから営業をする機会が少なく、ソフトスキルを鍛えられる機会が少ないのではないかと思い、外資系企業のインターンを断ってドブ板営業をやった（実際は後に入社したコンサルティングファームでもソフトスキルを磨く機会は多分にあったが）。

「こんにちは」とドアを開けた瞬間に「セールスなどいらん！　帰れ！」と罵声を浴びることはもちろん、首根っこをつかまれて外に放り出されたり、虫の居所の悪いお客様を訪問すると、30分くらいお叱りを受けるということもあった（もっともそういったお客様は怒った後にスッキリしたようで商品を買ってくれたが)。

夏の炎天下の東京で重い商材を鞄に詰めて街を練り歩いて回るつらい仕事で、最初は顧客との接し方もわからず、かなり辛い思いもしたが、最終的にはわれわれのチームは営業成績1位、個人でも3位の成績を収めることができた。


勉強だけでは学べないものの代表がこのセールス、あるいは顧客ニーズの把握、顧客との関係構築といったことである。社会に出てからもこういうことを意識してつねに気を配っていなければ学ぶことができない、習得が難しい代物である。


「あとで楽ができるから今頑張りなさい」と親や先生に言われたことはないだろうか。

日本人は往々にして受験生時代には相当な量の勉強をするものの、大学に入った途端に学ぶのをやめてしまい、サークルにバイトに遊びに大忙しとなる。ましてや、社会に出てからも学びを続けている人はほんの少数ではないだろうか。

そもそもまともな会社や組織に勤めていたら、「あとで楽ができる」ということはないのである。まったく新しいスキルや知識を身につけようとせず、楽をして仕事をしている人だけの会社があるとすれば、そのような会社はいつか必ず潰れる。

勉強をして頑張って高校・大学に入った後、社会に出るための知識・スキル・教養をさらに頑張って学ばなければならない。社会に出てからは、顧客、あるいは社会に貢献するためにさらに自身を磨き続けなければならないのである。

すなわち、学習に終わりはない。

学歴は無駄で大学に行くのは意味がないのか

最近では、「学歴など無意味」「大学に行くのは無駄」といったことが議論されることが多い。たしかに、たんなる権威づけのための「学歴」であれば、将来的には無意味になっても不思議ではない。現に、最近誰もが知っている外資系IT企業で働いている友人と話したのだが、少し前まではトップスクールの出身者しか採用しなかったが、最近では実力があれば採用に際して学歴は気にしないと言っていた。

しかし、「大学に行くのは無駄か」という議論に関しては、そうも言いきれないのではと思っている。大学にはおもに次の三つの側面があると考える。

❶ 教育機関としての大学
❷ 研究機関としての大学

❸ リーダー養成機関としての大学

❶ 教育機関としての大学

大学が、ただ淡々と勉強を教える場だとしたら、たしかに行く意味は薄いかもしれない。たいていの学問の理論やコンセプトは書籍やインターネットに解説が載っているし、論文も大学の図書館に行かずともネットで読める。ただし、自習に近い学習をするのであれば必然的に自身の興味分野・専門分野に特化した**「縦の学習」**になってしまう。

一方、おもにアメリカなんかの大学では、リベラルアーツ教育（人文科学・社会科学・自然科学の基礎分野の教育）をおこなうことが一般的である。これは、理系・文系の境なく専門分野の学習をおこなう前段階として学ぶ基礎教養といった位置づけである。

一部のリベラルアーツカレッジだけがそういう教育をおこなっているかというと、必ずしもそうではなく、総合大学・研究大学と呼ばれるような大学も例外ではない。私が通ったカリフォルニア大学は研究大学とされており、しかも私は理系分野の専攻であったにもかかわらず、思想・哲学の講義が必修であった。その他、選択科目としてさまざまな分野の講義を履修することができるようになっていた。

つまり、自身の専門分野に直接関係のない学問も学ぶ**「横の学習」**も同時におこなうのである。縦の学習だけではなく、横の学習も同時におこなうことで視野が広がり、別の視点から課題に向き合う素養が身につくのである。これは、仕事を始めてからも役に立つ。

たとえば、コンサルティング会社では、プロジェクトベースで特定の課題に対して短期間で深堀りをおこなうが、その際にプロジェクト以外の知識をどれだけインプットできるかがカギになる。クライアントが持っていない新しい視点をどれだけ提供できるかがコンサルタントの価値の一つであるからだ。

また、大学には、学習のサポートをおこなう機能もある。たとえば、オックスフォード大学では、「チュートリアル」と呼ばれる担当指導教官による個別指導、ディスカッションが週に1回義務づけられており、毎週チュートリアルの日までに論文を書き、教官と議論できるほどの知識をインプットしなければならない。そのため、いやでも学問が身につくような仕組みになっているのである。

オックスフォード大学には、ＰＰＥ（Philosophy, Politics and Economics）（哲学・政治・経済）

という専攻があり、大学の看板学位とも言われている。これは、政治経済の思想はもともとは哲学から派生したので哲学も同時に学ぶ必要があるということで設立された学位である。オックスフォードのいくつかのプログラムではこのPPEのように広範な学問領域を横断的に学ぶことを求められるものがある。ほかにも、Mathematics and Philosophy（数学・哲学）やPhysics and Philosophy（物理学・哲学）といったコースもあり、文系・理系といった分け隔てなく、根源的な問いに答える知識人を育成しようとしているのである。

❷ 研究機関としての大学

大学で研究をおこなうメリットとしては、まず「研究の自由度」があげられる。民間の研究機関、とくに民間企業の研究職などであれば、研究内容は企業の利益に直接的に貢献するような、しかも比較的短期間で結果の出るような研究に限られるだろうが、大学の研究機関であれば、たとえば１００年先に役に立つような要素技術の研究を長い期間かけてやることも不可能ではないだろう。

そして、研究リソースへのアクセスという点でもメリットがある。研究に使用する設備やツールなどはもちろんのこと、やはり一番重要なのは「人」だろう。何かについて研究をおこなうとき、多くの場合、共同で研究するメンバーが必要であり、多様性のある優秀なメンバーと研究チームを組むことがプロジェクトを成功に導くカギとなる。

❸リーダー養成機関としての大学　～オックスフォード大学のリーダー教育～

大学には、学問や研究以外にも人を指導する立場になる人のための教育をおこなうという側面があり、これが大学の存在意義として重要なものの一つではないかと思う。
たとえば、オックスフォード大学では「Educating Leaders 800 Years（８００年に及ぶリーダー教育）」を掲げており、長年にわたってリーダー養成機関としての役割を果たしてきたと言っていい。

オックスフォード大学とは、言わずと知れたイギリス最高峰の大学で、英語圏で最古の大学といわれている。テリーザ・メイ、デーヴィッド・キャメロン、トニー・ブレア、マーガレット・サッチャーなどを含む27人のイギリス首相のほか、各国の指導者やノーベル賞受賞者などを多数輩出している。ここでは、オックスフォード大学でリーダーを養成する仕組みとして特徴的なものをいくつか紹介したい。

□ 利益よりも社会的なインパクトが優先

多くの人は経営学やビジネスを学ぶのは会社の利益を最大化するためだと考えているのではないだろうか。

オックスフォード大学のＭＢＡプログラムでは、明確に「利益よりも社会的価値を重視しろ」と教える。そうすれば利益はあとでついてくるという考え方である。そして、ことあるごとに**ソーシャルインパクト（社会的影響）**を与えるリーダーになれと繰り返し言われるのである。

事業をおこなうときには、「多くの人が抱えている課題か」「社会的意義はあるか」といった観点で社会・人・環境などに貢献するソリューションを考える。この社会起点で考える思想が多様な考えを生む源泉になっていると同時に、同級生・卒業生の間ではもはや共通言語となっていると感じる。

あらゆるプロジェクトをおこなう際、「社会的な課題は何か」という根源的な問いを最初に問いかけて課題解決をしていく姿勢は同級生・卒業生に定着していると言ってよい。そのため、卒業後は社会起業家になったりする人が多い。

□共創型のリーダー教育

アメリカ式のリーダーシップは部下を率いる強い「個」がリーダーの役割であり、ビジネススクールでももっぱら生徒同士で競争させ、個人としての能力向上に重きを置いている印象である。

しかし、オックスフォード大学では**他の人の能力を最大限に引き出すのがリーダーの役割**だと教える。ビジネススクールにおいても、競争というよりも他の人の意見を取り入れてよい結果を共に生み出すというような**「共創」**の意識が強いと感じる。プログラムの課題はテストや個人ワークもある程度存在するものの、ほぼすべてのクラスでグループワークがある。プログラムを通じて「スタディグループ」と呼ばれるチームでグループワークをこなす。

オックスフォードの強みの一つは、世界60か国以上から学生が集まっているというダイバーシティ（多様性）である。私のグループは、アメリカ人の社会起業家、南アフリカ人の会計士、カザフスタン人の研究者、ケニア人のファンドアナリスト、中国人の国際機関職員というこれ以上ないくらいの多様性に溢れたチームであった。

ほかにもイギリス貴族やオリンピック選手などと一緒にプロジェクトをやったりもした。アメリカのＭＢＡは半分以上がアメリカ人であるが、オックスフォードのＭＢＡはイギリス人はすべての学生のうちのわずか7%程度、どの国の生徒も皆マイノリティなのである。

なかには面白いバックグラウンドの学生が多数在籍しており、医者や弁護士はもとより、たとえば先にあげたイギリス貴族やオリンピック選手に加え、元CIA、元ペンタゴン、著名社会起業家、複数の会社の経営者など非常に多様性にあふれた面々となっている。

このような出自も経歴もちがう者たちで構成されたチームが互いに協力し合い、限られた時間でアウトプットを出す訓練を繰り返しおこなうのである。そして、各メンバーが自身の強みを生かしてチームにしっかりと貢献したか、つまり各メンバーが他のメンバーの強みを十分に引き出したかといったことが評価につながるようになっている。

もちろんメンバー同士の相性が合わなければ、対立することもある。チームによっては対立・分裂し、チーム崩壊の危機にさらされる。しかし、このような訓練を積み重ねることによって最終的にはどのチームも各メンバーが互いを尊重するというマインドに変わっていくのである。

□カレッジ制による強固なネットワーク

オックスフォード大学の学生は38ある「カレッジ」のいずれかに必ず所属する。

オックスフォード大学に入学するには、オックスフォード大学に入学許可を得ると同時にいずれかのカレッジからも入学許可を得なければいけない。日本にはないシステムなのでわかりづらいかもしれないが、簡単に言うと学寮のようなものである。

しかし、カレッジは実際にはそれ以上の役割を果たしているのである。それぞれのカレッジが図書館、学生用の共用スペース、食堂、バー、スポーツジム、音楽スタジオ等を有しており、学生の大半はカレッジが所有する寮に住み、大学教育の根幹を成す個別指導であるチュートリアルはカレッジでおこなわれ、カレッジ内の図書館で自主学習をするため、必然的に生活や学習の基盤がカレッジのなかになる。

ほかにもカレッジ・寮内で毎日のように何かしらのイベントや講義などがおこなわれている。そのため、学生同士の距離が非常に近く、一緒に過ごす時間も非常に長いので、学校を卒業してからも在学中に築いたネットワークは消えないのである（ちなみに私が卒業したカリフォルニア大学サンディエゴ校でもカレッジ制が導入されている）。

私もカレッジの所有している寮にルームメイトと一緒に住んでいるのだが、キッチンやバスルームは共有し、それぞれ個室はあるものの、その部屋に鍵がないのである。

これは、学生同士が性善説に基づいて良い信頼関係を築くためのカレッジの配慮だろう。そのおかげもあってかルームメイトとは非常に良好な関係を築いている。こういった生活と学習両面での生徒同士の密接なつながりが強力なネットワークを生んでいるのだろう。

□オックスフォードユニオンで世界のリーダーとの会話

オックスフォードユニオンとは、著名人のゲストスピーカーを招いて講演を開いたり、さまざまな分野のプロフェッショナルを招いてディベートを開催したりするいわゆるディベート団体であるが、招待するゲストが非常に豪華なのである。

どこかの国の首相やハリウッドスター、グローバル企業の社長といった各界のリーダーと言えるゲストが講演をおこなったり、CIAの元幹部や政治家などと学生がディベートをしたりする。

こういった活動がほぼ毎日おこなわれており、しかも講演やディベートの後にゲストとパブで顔を合わすこともあるので、各分野の世界的なリーダーたちと直接会話ができるのである。

私もたまに顔を出しているが、たとえば、スターウォーズ新シリーズの監督のJ・J・エイブラムスやレッド・ツェッペリンのギタリストのジミー・ペイジ、その他多くの大物たちとパブで直接会話をすることができた。

オックスフォードに講演に来た「スターウォーズ・新シリーズ」のJ.J.エイブラムス監督と著者

日本人もたまにゲストで来ることがあり、今年はデザイナーの山本耀司氏（ヨウジヤマモト）が講演に来ていた。彼は、ブランドを立ち上げた当初、「黒色」はファッション業界でタブー視されていたなか、黒を基調とした服ばかり作り、なおかつ当時珍しかったアシンメトリーが中心でダメージの入った服もあったため、最初は批判されたらしいが、今やヨウジヤマモトは世界に冠たるファッションブランドとなっている。

彼の言葉で印象に残ったのは、「メインストリートを歩くのではなく、路地裏を歩け」という言葉であった。どの業界でも人と違うことをしなければ新しいものは生まれないということを改めて心に刻んだ。

こうしたリーダーたちとの会話や議論を通

じて自身が抱いている疑問やアイディアを直接彼らにぶつけることができるし、自身が目標となるようなリーダー像を見つけることができる。

□ フォーマルディナーでの教養・人格の鍛錬

オックスフォード大学では、フォーマルディナーと呼ばれる食事会が定期的に開催されている。

ハリーポッターの映画のような食堂（実際にハリーポッター映画のロケ地になっている）でフォーマルな服装で生徒や教授たちと食事を共にすることで、社交性や知性を磨き、信頼関係を築き、人格を鍛えるのである。隣に座る人は、たいていは優秀な学生や研究者であるので、こういった食事の場での会話はリーダーに必要な教養や人格を養う場として機能している。

こういった場で会話をして、話を聞いていると気づかされるのは、**日本型のエリートと欧州型のエリートの違いである**。

たとえば、典型的な日本型のエリートと言えば、一流高校・大学を出て大手企業などに就職し、休日は読書や資格の勉強、就職してからは仕事一筋、真面目でコミュニケーションはあまり得意ではないという感じである。

一方、欧州型のエリートは、学業だけでなく、スポーツや芸術もプロ級、休日はボランティア・チャリティー、スポーツをおこない、家庭・仕事・趣味を両立、社交的でコミュニケーションが得意……というように万能型である人が多い。

さらに言うと、自身の専門分野のことはもちろん、専門分野以外のことに関しても造詣が深く、幅広い教養を身につけている。たとえば、以前私の席の隣に座った研究者は生物学が専門であったが、私が大学でオペレーションズ・リサーチやディシジョン・サイエンスを学んでいたと言うと、ジョン・ナッシュ（ノーベル経済学賞を受賞した天才数学者）やロイド・シャープレー（ノーベル経済学賞を受賞した数理経済学者）といったその分野の権威の名前をあげ、持論を展開し始めた。

専門分野以外のことについても相当精通していることに感銘を受けたものである。こういう生徒・教授との会話は非常に刺激的であると感じるし、自身の未熟さを実感し、さらに精進のために努力するよい機会となっている。

3

効率的に学ぶための独学勉強法

勉強をするうえで、「勉強のやり方」を知っているか知らないかというのは致命的な違いである。

「勉強のやり方」がわからないということは野球やサッカーでたとえるならば、ルールそのものを知らないというのと同義である。ルールもわからないのに高いパフォーマンスを期待するのは無理があるだろう。

私は勉強のやり方がわからなかったので、勉強の仕方をネットで調べて、忘却曲線に基づいた反復学習や、朝に理数系の勉強をやって、夜寝る前に暗記をやるなど基本的なことから始めた。

ほかにには、メモリーツリー、マインドマップ等を使った学習などいろいろと世間で知られるような学習方法にトライしてみたのだが、なかなかしっくりとくる勉強法には巡り合わなかった。

そのような確立された学習方法もいいが、当然合わない人もいると思うので、自身に合った学習方法で勉強するのが一番いいと思う。

ここでは、参考までに私が留学当時にやっていた独自の勉強法をいくつか紹介したい。いずれも限られた時間のなかで効率的に学ぶために行きついた学習方法である。

勉強法のパートは大きく二つのパートに分かれている。

一つは英語の勉強法。私がＴＯＥＦＬ（海外大学入学のための英語能力試験）やＧＭＡＴ（経営大学院入学のための共通試験）の受験中、あるいはカリフォルニア大学、オックスフォード大学留学中に身につけた英語学習のテクニックと学習法を紹介する。

二つ目に留学時、あるいは仕事をするうえで身につけた効率的に知識を得るために役立つ勉強法を紹介する。

英語の勉強法

英語はコストパフォーマンスの高いスキルであり、英語ができるだけで仕事もプライベートも充実し、ずいぶんと充実した人生を送ることができる。

仕事では英語を使って海外とのやりとりをおこなったり、外国人の同僚やクライアントとビジネスができ、仕事の幅がかなり広がる。

プライベートでも、洋画や海外ドラマを見ても字幕よりも深い内容が理解できるし、日本人以外の人との交流によって自身の視野が広がる。

ここでは、スピーキング、リスニング、リーディング、ライティングのテクニック・勉強法について紹介する。英単語と文法は単純に知ってるか知らないかの世界である。基礎的な語彙力と文法がないと英文を読めないし書けない、単語を知らないと聞いてもわからないし話せない。英単語と文法に関しては暗記の側面が強いので、後述の「記憶法」などを参照していただきたい。

では、実際に私が効率的に英語を学んだ方法をご紹介しよう。

スピーキング

①「思い出す」英会話

私の英語学習は、基本的に暗記が中心だったように思う。英会話に関しても例外ではない。

一般的に、会話するというプロセスが、「聞く」→「考える」→「話す」だとする。

しかしこれが英語になると、私のような日本で生まれ育った人であれば、

「聞く」→「日本語に変換する」→「考える」→「英語に変換する」→「話す」

といった長いプロセスとなってしまう。

「聞く」「話す」というのはある程度センスや小さい頃の慣れが影響するように感じる。語学のセンスのある、あるいは子どもの頃に英語に慣れ親しんだ人は、英語圏の国に留学するとすぐにネイティブ並に話せるようになるが、逆に英語圏の国に何十年も住んでいてもあまり英語を話すのがうまくない人もいる。

二十歳までほぼ英語の勉強なんてしたことがなく、センスのない私は、「耳で英語を覚える」とか「リズムで覚える」といった巷でよく聞く学習方法は難しく、とにかく文章を暗記して、補足的に「聞く」と「話す」をしていた。

つまり、「日本語に変換する」→「考える」→「英語に変換する」というプロセスを英語を学び始めた当初はそのまま**「暗記したことを思い出す」**という作業に置き換えて英語での会話をしていた。

英単語やネイティブの言い回しをただ暗記するのであれば才能は関係ない。

私はどうやら才能がない部類の人だったので、とにかく単語や言い回しや例文をそのまま暗記しまくった。

英語に慣れないうちは、会話などしなくてもよい。どういうことかというと、あらかじめ覚えていた自身と相手の会話を**「リプレイ」**すればいいのである。

たとえば、日常会話であれば、

私「Did you have a good weekend?」

（なんか週末は面白いことあった？）

相手「Not much. How's yours?」

（う～ん、とくには。キミは？）

私「It was pretty laid-back. I stayed home and watched some movies.」

（週末はリラックスしてたよ。家で映画を観てた）

相手「What was the film like?」

（何の映画？）

私「I watched ABC. It was so good, I like it. Did you see that movie?」

（ＡＢＣっていう映画を観たんだけど、すごくよかったよ。観たことある？）

相手「No. What is the story about?」

（ないよ。どんなストーリーなの？）

私「It's a documentary film. The movie is for us especially,
Main character in a movie is a student in California. The best part is ...」

（ドキュメンタリーで学生向けの映画だよ。カリフォルニアの学生の話で、一番面白かったのは…）

といった会話をそのまま暗記して話すのである。

この例は相手が映画を見ていない場合であるが、相手が映画を見たことがあるパターンも想定してそのまま暗記する。突拍子もないことを突然言う人はなかなかいないので、相手の言うことはだいたい予想できる。こうして暗記したことをそっくりそのまま授業や日常会話で使うのである。

とくに、自身の詳しいことや興味があることであれば話しやすいし、相手も興味を持って聞いてくれる。

それになにより、会話の内容よりも身ぶり手ぶりや表情などのノンバーバル（非言語）のコミュニケーションを大事にしたほ

●英語の習得イメージ

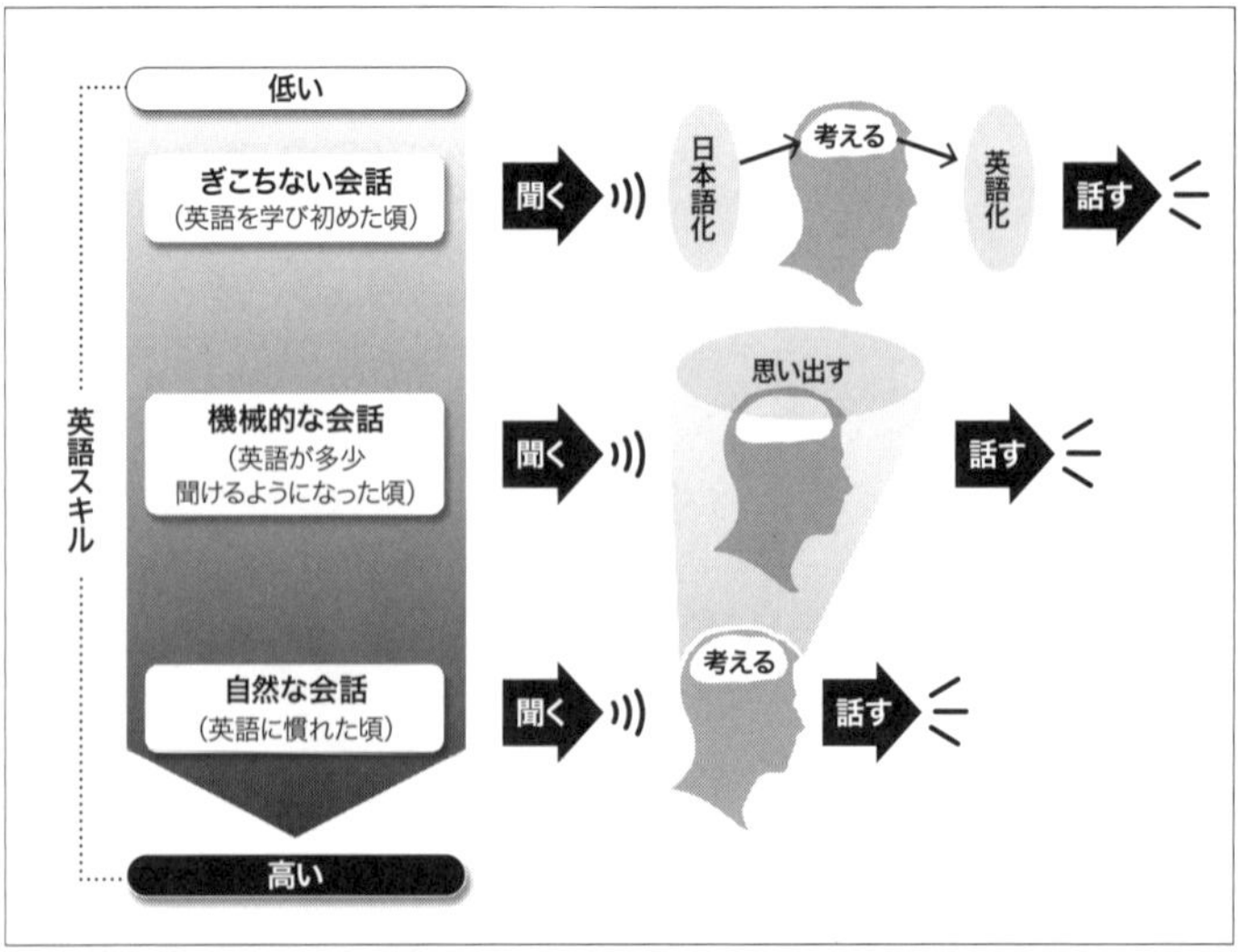

うがよい。それによって相手への印象が異なるので、英語が下手でも「この人は自分の話を真剣に聞いてくれるな」というように信頼関係も築くことができる。

このようにして英語での会話に慣れていき、覚えたことを思い出してそのまま話す**「機械的な会話」**を通して自身の記憶に英単語や言い回しのネタを蓄積しながら、徐々に自身で考えて話す**「自然な会話」**に切り替えていく。

最初の頃は暗記することが多くて覚えられないかもしれないので、「単語」で会話をすればよい。ボキャブラリーが多くなってきたら、徐々に「短い簡単な文」で会話をするようにしていき、最終的に普通の文章を覚えて話せるようになればよい。

文章を覚えるには、ビジュアルがともなっていると覚えやすいので、映画やドラマの会話等を丸暗記するのもよいだろう。自身はうっかり『ゴッドファーザー』のセリフを日常会話で使ってしまい、友だちにつっこまれたことがあるので、あまりに有名な映画のセリフは避けたほうがいい……。

日常会話などで使える英語がたくさんでてきて、なおかつ自身のモチベーションアップにつながりそうな個人的におススメの映画は『グッドウィル・ハンティング』『ビューティフル・マインド』『エリン・ブロコビッチ』『LIFE!』『プラダを着た悪魔』『マイ・インターン』『ラ・ラ・ランド』などなど。

会話が英語と日本語の両方で構成されているような映画なんかもわかりやすいのでお勧め。『ロスト・イン・トランスレーション』『ラストサムライ』など。

好きな映画やドラマであれば何でもよいと思うが、覚えるまで何度か観ることになるので、ストーリーが単純明快でかつ何度観ても楽しめるものがいいだろう。

映画やドラマなどのコンテンツは何度も見直してセリフを覚えるくらいのものがいいので、ドラマよりも映画がいい。ドラマだと長くて何度も見直せるものではないし、時間がかかりすぎる。

自身も昔は『24 TWENTY FOUR』や『プリズンブレイク』『LOST』などのアメリカンドラマにハマって観ていたが、面白すぎてドラマが生活の中心になってしまい、勉強やほかのことに集中できなくなるので注意したほうがいい。『ブレイキング・バッド』なんかは要注意である。

そして、英語を使わないといけない状況に身を置くのが一番よい。留学していれば、つねにそういった環境に身をさらされるが、日本にいる場合は英語を使ったバイトをしたりするとよいかもしれない。ちなみに、大前研一氏は学生の頃に旅行会社で通訳案内のバイトをして英語を身につけたらしい。

とは言っても、いきなり英語を使って仕事をするのはハードルが高いかと思うので、まずは外国人旅行者の道案内や外国人のミートアップイベントで外国人の知り合いを作ったりすることから始めるのはどうか。

自身の日本人の友人で英語がネイティブ並みにうまい人がいたのだが、その人はアメリカで舞台役者をずっとやっていた人だった。役者は長い英語のセリフもなんなく覚えて話す**「リプレイ」能力**の高い人たちであるため、英語は非常にうまかった。彼はまさしくこの「思い出す」英会話法を自身の仕事を通じて身につけ、英語力を上達させたのである。

あとは、日常会話で使う文章を覚える際、音読をするのがよい。

子どもの頃に国語の授業などで音読をしていたことがあるだろうが、新しい言語を学ぶときは、よく言われるように最初は音読をするとよい。読むことと話すことでインプットとアウトプットを双方同時にできるので効果的に学べる。

基本的に文字を読むときは無意識に流し読みをしているが、音読をすることで普段読んでいるだけではわからなかったような「この単語の発音は難しいな」とか「こういう言い回しはこういうときに使うのだな」といった気づきがある。英会話の音読の教材としては、教科書や雑誌・記事のようなものよりも、たとえばマンガや簡単な小説などの会話で文章が構成されているものがよい。

また、英語で音読したものを録音して自分で聞いてみるのもよい。自分ではちゃんと発音ができていると思っていたものを録音して聞くと、思いのほかできていなかったりするので、できていないところは次から意識して発音するようにする。

音読は黙読に比べて時間がかかるので、慣れてきたら基本的に音読はする必要はないが、発音チェックのための音読は継続してやってもいい。

②「身近な師」から学ぶ

英語を話すうえでとくに役に立つのは、相手の真似をするのが上達の近道である。

身近にいる自分より少し英語がうまい人の会話の真似をして、それをコピーして違う人と

確認

自身が相手の会話を理解し、また相手の話に興味を示していることを伝えることができる。


「Oh, you did ～?」「So you mean that ～?」

「Did I get that right?」

質問

5W1H（what, where, when, why, who, how）の観点で質問をして相手に話してもらう。


「What do you think?」「Where exactly is it?」

「When will it start/end?」「Why does that happen?」

「Who is involved?」「How does it work?」

「How do you feel about that?」

共感

相手に聞いてばかりではなく、自分でも話す必要がある。その際、共感することで相手に好意を与えることができるし、さらに相手に話してもらうことができる（まったく意見が合わないときは反論してもいいかもしれないが）。


「Absolutely」「That's a good point ～」

「I agree with ～」「I have the same opinion」

「I was just going to say that」

「That's exactly how I feel」

の会話のなかで思い出して使うのである。

英語が少しうまい人の真似をして上達したら、また次に自分より少しうまい人を見つけて真似をする……ということを繰り返していくことで着実に英語が上達していくのである。これはスピーキングのみではなく、リスニングのトレーニングにおいても役に立つ。

真似をするにも、真似をする相手と会話をして相手に話してもらわなければいけない。相手に積極的に話してもらうために有効なテクニックとしては、**「確認」「質問」「共感」**の三つを駆使するとよい。

今は非常に英語を学ぶ環境が整っているので、英語のうまい人がまわりにいない人はインターネット環境があれば簡単に「師」を見つけることができる。

たとえば、Skypeなどを使ったビデオ英会話プログラムや「mylanguageexchange.com」のような多言語を学びたい人をマッチングさせるプラットフォームを利用して会話をする相手を探すのもいい。必ずしも物理的に人と会話をする必要はなく、たとえばYoutubeなどの動画サイトではさまざまなレベルの英会話コンテンツが溢れかえっているのでビデオを師の代わりにしてもいい。

たとえば人気動画サイト『バイリンガール』なんかは普段の生活で使えるいろいろな言い回しを教えているし、そのほかにも試験対策用のコンテンツなどがたくさん転がっている。

意外かと思われるかもしれないが、英語の難易度は、日常会話（買い物、オーダーなど）、専門的な会話（講義、会議等）、普段の雑談、というように順に難易度が上がっていく。

専門用語が多用される講義や会議などよりも、実は普段の雑談のほうが難しかったりする。講義や会議などは何について話しているかが明確で事前に対策もできるので比較的ついていきやすい。

しかし、普段の雑談のような会話が何げに難しい。英語が母国語でないMBAの同級生たちも、レストランやパブなどでのいろいろな内容の会話が次々に展開されていくような普段の雑談が、いちばん難しいと言っている。

ビジネスシーンでも、会議内でのビジネス会話も大切だが、こういった雑談によって顧客との関係を構築したり、信頼を獲得できたりすることは多いにある。

だからこそ、身近な師を通じて普段から英語での雑談力を身につけておいて損はない。

③ネイティブの英語は「塊で覚え、塊で聞く」

そもそも、英単語を覚えただけでは英語が聞けるようにはならない。それは、ネイティブが辞書に載っている発音に忠実にしゃべっているわけではないからである。

たとえば、「and」という単語は、「アンド」(正しくは「ア」と「エ」の中間音)と発音する。これが他の単語と合わさると違ってくる。

「you and I」を日本人が発音すると、「ユー　アンド　アイ」と発音しがちであるが、アメリカ人はそうはけっして言わない。

アメリカ英語であれば「ユー　アンド　アイ」よりも「ユー　エナイ」という発音のほうがはるかに近い。

「I'm in Tokyo right now.」という文があれば、「アイム　イン　トウキョウ　ライトナウ」という発音が日本人の一般的な発音であるが、アメリカ人は、「アイミン　トキョウライナウ」という発音のほうが近い。

「When I was in Tokyo.」は日本人は「ウェン　アイ　ワズ　イン　トウキョウ」、アメリカ人は「ウェナイワズ　イン　トキョウ」と言う。

「Get a job」は日本人的に言えば「ゲット　ア　ジョブ」であるが、アメリカ人は「ゲラジョブ」

などなど。


私は、渡米前に日本に住んでいるアメリカ人と話すことはしばしばあり、わりと聞き取れていたので余裕しゃくしゃくでアメリカに渡ったのだが、アメリカに行ってからしばらくはほぼ英語が聞き取れなかった。

日本に住んでいる外国人は日本人の英語のクセなどをある程度理解して、日本人が聞き取りやすいように話してくれているだけなのである。普通のアメリカ人だとそうはいかない。

英語を聞き取れるようになるには単語の発音や文法を知っているだけでは不十分で、**「単語同士のつながりによる発音の変化」**に着目をして学習することが重要となる。

リスニングをしていて、単語同士のつながりによって発音が変わったところがあれば、「そういうもんなんだ」と割り切って**「単語の塊《かたまり》」**として覚えておく。

私は、寝る前や移動中に英語の例文を聴いて、単語同士の連結によって発音が変わった箇所があればそれをメモして覚えていた。

リスニングにおいては、英単語だけを聴くよりも効果ははるかに高い。

「Come on」はわかりやすいかもしれない。

日本人でもアメリカ人のように「カム　オン」ではなく「カモン」と発音し、「Come」「on」という単語としてではなく、「Come on」という単語の塊で覚えているだろう。

そういった単語のつながりを発見したら、単語ひとつずつではなく、「単語の塊」として覚えよう。そうすることによってネイティブの発音が聞けるようになっていく。

あとは、**単語プラス用法**を合わせて覚えることが重要である。

たとえば、「Reservation」（予約）という単語を覚えるとする。このとき、単語だけでなく、例文に出てくる他の単語も意識して覚えるとよりよい。

「I have a reservation under the name of Suzuki.」

（鈴木という名前で予約したのですが）

というような実用例があったとして、

「Reservation」には「have」という動詞が使われる。

「～の名前で」というには「under the name of ～」という表現が使われる。

というようなことをセットで覚えるべきである。

なぜなら、実際の会話で「Reservation」という単語が単体で登場することはほぼないからである。

実際の会話で「Reservation」を使うときは、「I have a reservation.」「Do you have a reservation?」というように使われる。

「Reservation」だけ覚えていたのでは、「Reservation」だけは聞き取れるかもしれないが、「Reservation」をどうしたのか、なんでここで「under」が出てきたのかなどが理解できないかもしれない。

このように、ネイティブの英語を正確に聞き取るには「単語の塊」を覚え、単語の塊として聞く必要がある。

練習方法としては、日本語のニュースを聞いた／読んだ後に同じ内容の英語のニュースを聞くことが有効。日本語で内容を把握したあとで英語で同じ内容をなぞることになるので、英語が入ってきやすくなる。

また、これによって日本語での言い回しを英語でどのように言うのかというのがわかるようになる。

映画などの長い動画でこれをやってもいいが、長いと内容やセリフを忘れてしまうので、5～10分くらいの短いニュースなどで練習するのがおススメである。

私自身はＮＨＫの英語バージョンをよく聞いていた。日本で起こったニュースを英語で報道しているのでわかりやすい。

これがアメリカのニュースだと、英語の地名や人名などが頻繁に登場し、それが何を指しているかわからず途中でつまずいてしまう。

日本の地名や人名であれば、地名・人名として容易に認識することができるし、むしろ地名・人名などから内容を推測できるため、内容が入ってきやすい。

あとは、英語の文を最初に読んで、それとまったく同じ文を読んだ後に聞いて、発音を確認することがおススメ。普通の英語教材を使うのもいいし、私はネットで文も音声も手に入る有名人のスピーチでよくこの方法をやった。スティーブ・ジョブズの大学での講演とかオバマの就任演説とか。

TEDなども字幕付きで見られて速度も調節できるので、聞き取れなかったときは速度を落として聞くことができるため、おススメである。Youtubeも速度調整できるし、Netflixは字幕が付けられるし、Google Chromeのアドオン機能で動画の速度を調整できるツールがあるので、そういったものを活用することもよいだろう。今では字幕が少し遅れて表示されるような機能を持った動画プレーヤーもあるため、そういったものを活用して英語を聞いた直後に字幕を確認して答え合わせを即時にするといったこともできる。

④意識して聞くための「要点集中」

英語能力試験で、聞き取り問題が「Hearing」ではなく「Listening」と呼ばれているのは、

「Hear」は自然に聞こえるというニュアンスが含まれるのに対して、「Listen」は意識して聴き取るという意味であるからであると言われている。たんに聞くのではなく、抑えるべき重要な点や何が言いたいのかを意識的に捉える能力が試されるのである。

英語には「意識的に聞かなければならない点」がいくつかあり、ここではおもな要点三つを紹介する。

一つ目は、とくに**「動詞」**を意識して聞くこと。文のなかで動詞がわからないと何が起こっているのかさっぱりわからなくなってしまう。もちろん主語、動詞、目的語、補語すべてわかって、文の構造が理解できているのが理想であるが、とりわけ動詞が重要である。

たとえば、次のような文があったとする。

「John waited for the train.」
(ジョンは電車を待った)

という文があったとすると、ジョンだけでも電車だけでも意味がわからない。ジョンが聞き取れたとしてもジョンが何をしたのかわからない。電車が聞き取れたとしても、電車を待っていたのか、電車に乗ったのか、電車を見ていたのかわからない。

これは簡単な例だが、複雑な文になればなるほど動詞が聞き取れないと、後の文脈を聞いてもどんどんわからなくなっていく。「wait（待つ）」という動詞が聞き取れれば、誰かが何かを待っていたのだなということがわかり、その後の文脈もわかるようになる。また、動詞が聞き取れれば、現在のことなのか過去のことなのか未来のことを話しているのかもわかる。

二つ目は**「代名詞」**。

リスニングだけでなく読解にも当てはまるが、「代名詞を通常の名詞に置き換えて理解する」ことが重要。

というのも、普段われわれが会話しているときは、無意識的に物事を「抽象化」して話している。その抽象化の代表例が「代名詞」であり、しかもわれわれはこれを多用している。「コレいいよね」、とか「アレはどうなったの？」のようにわれわれは具体的な言葉ではなく、名詞や文節、あるいは文章全体を「あれ」「これ」といった代名詞に置き換えて普段会話をしている（意識して話を聞いてみるとわれわれは本当に代名詞だらけで普段会話をしていることがわかる）。

英語においても例外ではなく、「This」「That」「it」などを多用して会話をしているので、英語の聞き取りにおいては、代名詞が具体的に何を指しているのかを理解しながら聞かないと話をミスリードしてしまう恐れがある。

たとえば、次のような文があったとする。

「The car stereo doesn't work. Take the stereo out of the car and fix it.」
（車のステレオが動かない。ステレオを車から取りはずして「それ」を修理して）

「it」（それ）という代名詞はステレオか車かいずれも指すことができるのだが、この場合は前の文で「車のステレオが動かない」という情報があるので、「it」はステレオを指しているのだなと推測できる。

これは簡単な例であるが、文章が複雑になればなるほど代名詞が何を指しているのかが不明瞭になってくるのでつねに代名詞が何を指しているかに気を配る必要がある（ちなみに、MBAの受験で必要となるGMATでは簡潔で明瞭な英語を良しとするため、不明瞭な代名詞を使うのは間違いであるとされる）。

三つ目に、**「接続詞」**。

接続詞とは、「and」「but」「or」などの単語や文をつなぐための言葉である。接続詞に注意して聴くメリットとしては、接続詞の後の文の内容を予測することができるので、英語を聞き取りやすくなるというものがある。

たとえば「but」は「しかし」「けれども」という意味なので、その後に前の文を否定するような文が来る可能性が高い。たとえば、

「I'd love to come to the concert, but I already have plans that night.」
（私はコンサートに行きたいのだけれど、その夜はすでに予定があります）

あるいは、「because」であれば、前の文の理由が後の文に続く。

「Nancy didn't go to school because she was feeling sick.」
（ナンシーは学校に行かなかった。なぜなら体調が悪かったからです）

このように、接続詞に注意して聴くことで、後に続く文の内容を事前に予測できるので後に続く文章を聞き取るのがはるかにラクになる。

リスニングの練習方法としては、映画などを観ながら「シャドーイング＋字幕の確認」が効果的な練習法である。シャドーイングとは、会話を聞いてそれを真似して自ら口に出すという練習法である。

たとえば、字幕なしで映画を観ながら小声でシャドーイングをして巻き戻し、字幕付きで再生して自身が口に出したことと合っているかを確認する。

ＶＬＣプレーヤーなど字幕を実際の映像よりも遅らせることのできるプレーヤーやソフトがあるので、そういったツールを活用すればリスニングの答え合わせが瞬時にでき、効率的に学習できる。

リーディング

⑤読解は「全体像から詳細へ」

私のＴＯＥＦＬやＧＭＡＴなどの英語力検定試験を受験した経験からいうと、読解においては、**「全体像から詳細へ」**が基本と思われる。全体像の理解としては、「文の構成」「文のテーマ」を把握できればほぼ理解できていると言ってよい。

文の構成とは、たとえば、「筆者の主張と例」「結論とそれを裏づける根拠」「原因と結果」「問題提起と解決策」といったように文全体がどのような構成になっているかといったことである。これが理解できていると、どのような情報がどの段落に記述されているかが把握できるし、実際に英語力検定試験では、このような文の構成そのものを問う問題もある。

そして、文のテーマとは筆者が何を言いたいのかである

何かに対して肯定的な意見を述べているのか、何かに対して否定的な意見を述べているのか。あるいは、筆者は意見を述べておらず、事実を語っていたり、何かの研究結果について述べているのか。またあるいは、時系列で何かの歴史について述べているのか。

これで全体像をつかむことで、文章を大まかに理解でき、文章全体に関する問いには答えることができる。

そして、重要と思われる箇所のみ精読をおこなう。英語力検定試験であれば、文章の一部の詳細について問うような問題に直面して初めて、詳細を精読する。

詳細に行く前の全体像を理解する際、同時に各段落のサマリーを頭のなかで描いておける

と、詳細にどこを読み込めばよいのかがわかるのでスムーズに精読する箇所を特定できる。

慣れないうちは時間がかかってもいいので、「文の構造」「文のテーマ」「各段落のサマリー」を紙に書きだすとよい。普段も英語の新聞記事や雑誌の記事等を読むときにこの練習をするとよい。慣れてくると頭のなかでこれらが描けるようになってくる。

私はアメリカにいた頃は『Wall Street Journal』『Wired』『Scientific American』『Discovery』などインターネットで幅広いトピックの見出しに毎日目を通し、興味を持った見出しはプリントアウトして記事のサマリーを作成していた。

読解試験だけでなく、普段の読書などにももちろん使える。たとえば、英語で書かれた本を読むときに空いたページのスペースに筆者の意見、段落のサマリーなどを一言二言書き込み、それぞれの章にその章のサマリーを書いておくと、あとで読み返すときにもどこに何が書いてあるのかを把握できる。

ライティング

⑥内容にフォーカスするための「テンプレート化」

多くの教育者・研究者は、「結論」プラス「その結論を補強するための材料」という構成で文章を書くトレーニングを受けているため、彼らに読んでもらうにはそういった文構造にするのが望ましい。実際に英語で書かれた論文は「仮説」と「仮説検証のための実験やデータ」というような構成になっている。

短時間で英作文を書く必要がある場合は、文構造や接続詞などを「テンプレート化」するのが一番効率的といえる。

アメリカの高等教育機関では、基本的なライティングの方法をスキルとして学ぶことが一般的である。私もアメリカの大学に入ったとき、一番初めに論理的なエッセイの書き方を学んだ。

いろいろとエッセイの書き方があるのだが、欧米では基本的に**結論ファースト**で、「thesis（主題）」「conclusion（結論）」が冒頭にあり、それを補強する「argument（主張）」「examples（例）」「statistics（統計）」などが後に続く段落として複数でてくるイメージである。

基本的な一例をあげると、次のように「①Introduction（導入及び結論）」「②Body paragraph（結論を補強する材料）」「③Conclusion（結論）」といったような構成である。

「①Introduction（導入及び結論）」：読者の注意をひく「つかみ」、自身の主張
「②Body paragraph（結論を補強する材料）」：例や引用、ロジック、データなど
「③Conclusion（結論）」：自身の立場のリステートメント

そして、これらの構成とどのような文章を書くにも使える共通の言い回し・接続詞などをすべて「テンプレート化」して覚えることによって構造や言い回しを考える手間を省き、文章の内容にのみ集中することができる。

英語で試験を受けるとき、エッセイやコラムを書くときなどにこういったテンプレートの引き出しがいくつかあると、体裁や言い回しに時間を使うことなく、本質である内容を考える時間が多くとれるのである。

① Introduction 導入及び結論	
内容	言い回し例
読者の注意をひく「つかみ」 自身の立場・意見（結論）	Generally ~（一般的に～）, It is widely argued that ~（～が広く主張されている） However~（しかしながら～）, On the other hand ~（一方で～） I put forward the claim that ~（私は～を主張する）

② Body Paragraph　結論を補強する材料	
内容	言回し例
自身の意見を 強める例や引用、 ロジック、データ 等	First ~（一つ目に～）, First of all ~（まず第一に～） Current research appears to validate such a view.」 （最近の研究がそのような主張を検証している。） According to A, ~（Aによると～）
	Second（二つ目に）, Moreover / Furthermore（さらに） Not only A but also B ~（AだけでなくBも～） The data gathered in the research suggest that A （研究で集められたデータはAと示唆している） In other words ~（言い換えれば ～）
	Finally ~（最後に～）, In addition to ~（～に加えて） On the basis of the evidence currently available, it seems fair to suggest that ~ （現状存在する証拠によると、～というのが妥当にみえる） That is to say ~（すなわち～）

③ Conclusion 結論	
内容	言回し例
自身の立場の リステートメント	In conclusion / To conclude（結論として） I agree with ~（～に賛成する）, It is clear that ~（～ということが明白である） On these grounds, we can argue that ~ （これらの理由により、～ということが言える）

インプットに役立つ勉強法

学習時間の最大化（学習時間の捻出）

とりわけ、インプットにおける学習効果を最大化する式は次のように表すことができる。

「学習効果の最大化＝学習時間の最大化×情報量の最適化×定着率の最大化」

もしくは、**「学習効果の最大化＝学習時間の捻出×情報の取捨選択×学習効率の向上」**に言い換えることができる。

そして、さらに「定着率の最大化（学習効率の向上）」は**「集中力・モチベーションの維持」「理解度の向上」「記憶・定着の向上」**に分けることができる。

ここでは、これらの項目それぞれに対応するテクニック・学習法を紹介していく。

⑦「細切れのスキマ時間」を積み重ねる

代表的なスキマ時間は「移動時間」であるが、これがばかにならない。

通勤・通学時間はもちろんのこと、会議室への移動、教室間の移動、ランチや夕飯を買いに行くときの移動、本を買いに行くときの移動、遊びに行くときの移動等々、実は歩いて移動している時間がかなり多い。

なかでも通勤・通学中は比較的時間が長いので本を読んだり、イヤフォンで英語を聴いたりと学習している人も多いが、それ以外の小刻みの移動時間（細切れのスキマ時間）に学習している人は少ないのではないだろうか。

たとえば、教室間の移動の3分やランチを買いに行く5分の間にも学習ができるのである。私がよく

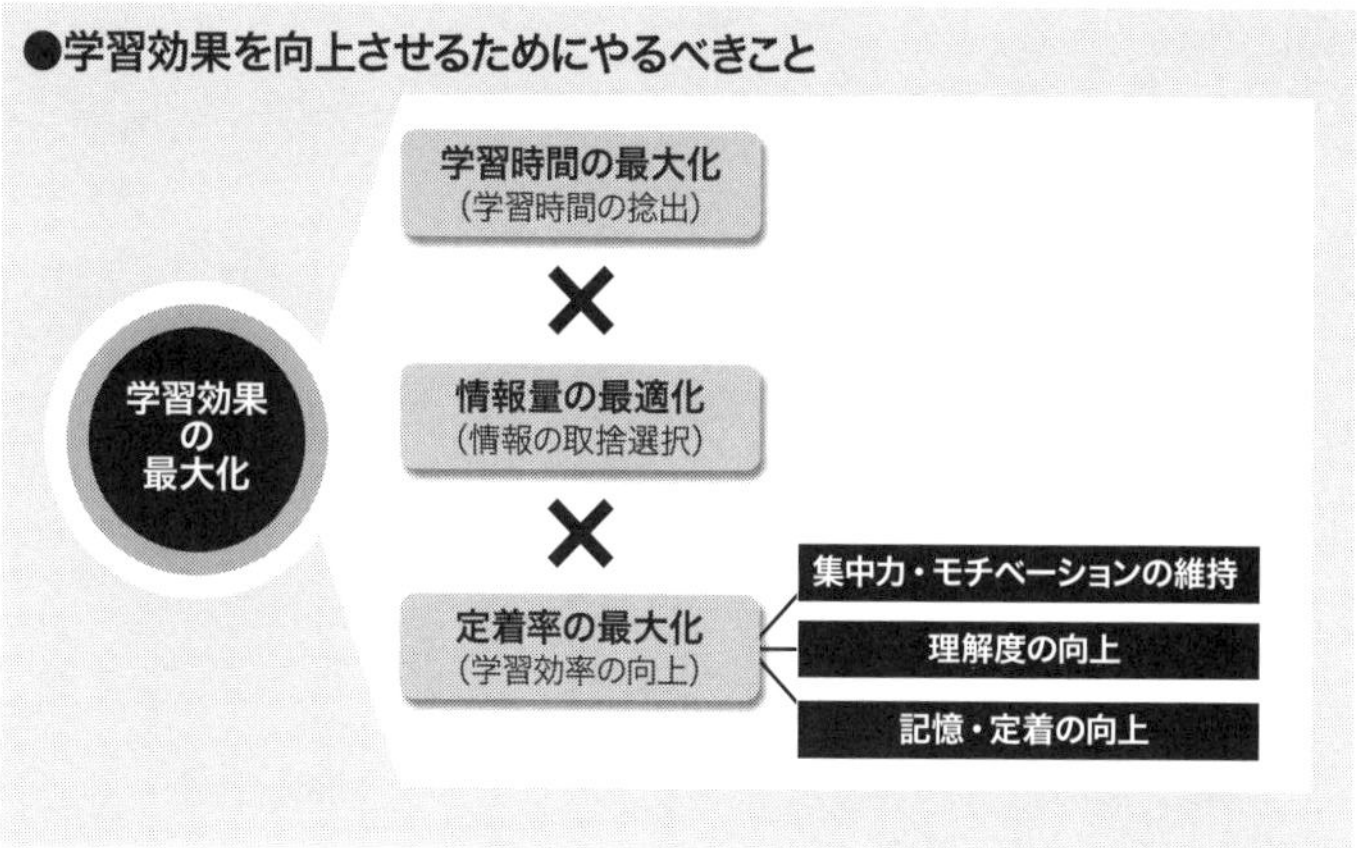

やったのは、自身の頭のなかで、最近授業で学んだことを思い浮かべて簡単にまとめて整理したり、授業や普段の会話を思い出して暗唱したり、歩いているときに目についたものを英語に訳して、わからなければスマホの辞書で調べるといったことをやっていた。このとき、独り言を言うように声に出してもいい。

こういった短い移動時間は**「頭の整理＋考える時間」**なのである。

人は歩いているときに前頭前野が活性化し、脳の処理能力が上がると言われており、歩きながら何かを考えるというのは理にかなっている。

私は仕事をしだしてからも歩いているときは、ビジネスのことを考えたり、ラーメン屋に並んでる行列を見たら、待ち時間を推測したりと歩いているときは何かしら考えるようにしている。

なにもこれは移動時間に限ったことではない。

たとえば、トイレやキッチンなどいろんな場所に本やノートを置いておく。私はトイレにはビジネス雑誌を置き、キッチンには料理をしながら、少し手の空いたときに勉強できるような、文脈を捉える必要のない単語帳などを置いたりする。

さらにスキマ時間を利用できるように、私はあらゆるところに本を置くようにしている。机にはもちろんのこと、どこにいても本が手に取れるようにテーブルやベッドにも置いておく。

机には仕事に関係があるような専門書、テーブルには仕事以外のビジネス・経済本や話題の本や小説など、ベッドには名著と呼ばれる本（覚えておいて損はないという知識やフレーズを寝る前に読み、長期記憶する）、トイレには短時間で記事が一つ二つ読めるので雑誌を置いている。

あるいは、歯磨きをしている時間、洗面台を眺めているときに目に入るようにポストイットに英単語をいくつか書いて貼っておくとか、食事の間、食べ物を咀嚼しているときに脳の前頭前野が活性化すると言われているので、Ｙｏｕｔｕｂｅなどで数学問題の解説など論理力を養うものを観たりしながら食事をするのもよいだろう。

たとえば、こういったスキマ時間が一日に30分程度あるとすると、**一週間で３・５時間（30分×７日）、一年で１８２時間**（**３・５時間×52週間**）にもなる。これを何年か続けたら外国語の一つや二つ身につきそうなものである。

⑧「やらないこと」を決める

予定帳やスケジューラーで学習時間を何時から何時までと事細かに記している人がたまにいるが、私の場合は「この本を○○ページまで読み終える」とか「練習問題を○○問解き終える」といったマイルストーンを置くことはあっても、学習時間そのものを予定表には書かない。なぜなら、本当に忙しくて時間がないときにそれでも学習をしなければいけないとき、「予定のある時間以外はすべて」学習時間に回せばよいのだから勉強時間をわざわざ記す必要がないのである。

「学習時間を最大化する」というのは、言い換えれば**「学習以外の時間を最小化する」**ということなのである。学習以外の時間を最小化するには、必然的に**「何をやらないか」**を決める必要がある。「なにをやるか」という足し算的な発想よりも「なにをやらないか」という引き算的な発想で予定を捉える必要がある。

日々のタスクのなかには、「やらなくてはいけないもの」と「やらなくてもよいもの」の2種類ある。

「やらなくてはいけないもの」のなかには仕事でのミーティングや資料作りなどの作業、学生であれば講義や課題など、また、移動、睡眠、食事などが含まれ、「やらなくてもよいもの」のなかには趣味や付き合い、自主的な学習時間もここに含まれる。

「やらなくてはいけないもの」を効率的に処理し、「やらなくてもよいもの」の時間を増やし、そのなかで学習以外の時間を削ることで学習時間を最大化させる。

◯やらなくてはいけないもの

たとえば仕事において大きなウェイトを占めているのが社内の会議と資料作成などの作業時間。

社内の会議は、アジェンダ・資料共有は事前にしておくことはもちろんのこと、強制的に時間内に終える環境を作り出すことが重要である。

たとえば上司の予定を確認して、1時間できっちりと終えるために、数時間予定が空いていたとしても別の会議の直前1時間前に会議を入れる。あるいは、あとで別の会議が入っている会議室を予約して1時間経ったら会議室を明け渡さないといけない状況にするといった状況を作り出して1時間以内に会議を終わらせる状況にする（ただし、この際十分に議論が煮詰まるように議論の進行をしないと、「じゃあ別の会議が終わったあとでもう一回議論しよう」というようなことになりかねない）。

作業に関しても、コンサルティングファームでは作業時間を節約するためにオフィスソフトのショートカットキーをすべて覚え、パワーポイントはテンプレート化され、議事録なども決まったフォーマットに基づいて書くといったことがある。

資料は8割、9割の完成度で持っていったところで必ず修正が入るので、「6割、7割の完成度で上司にレビューをしていただく」ということをする。

また、コンサルティングファームでは会

●学習時間の最大化イメージ

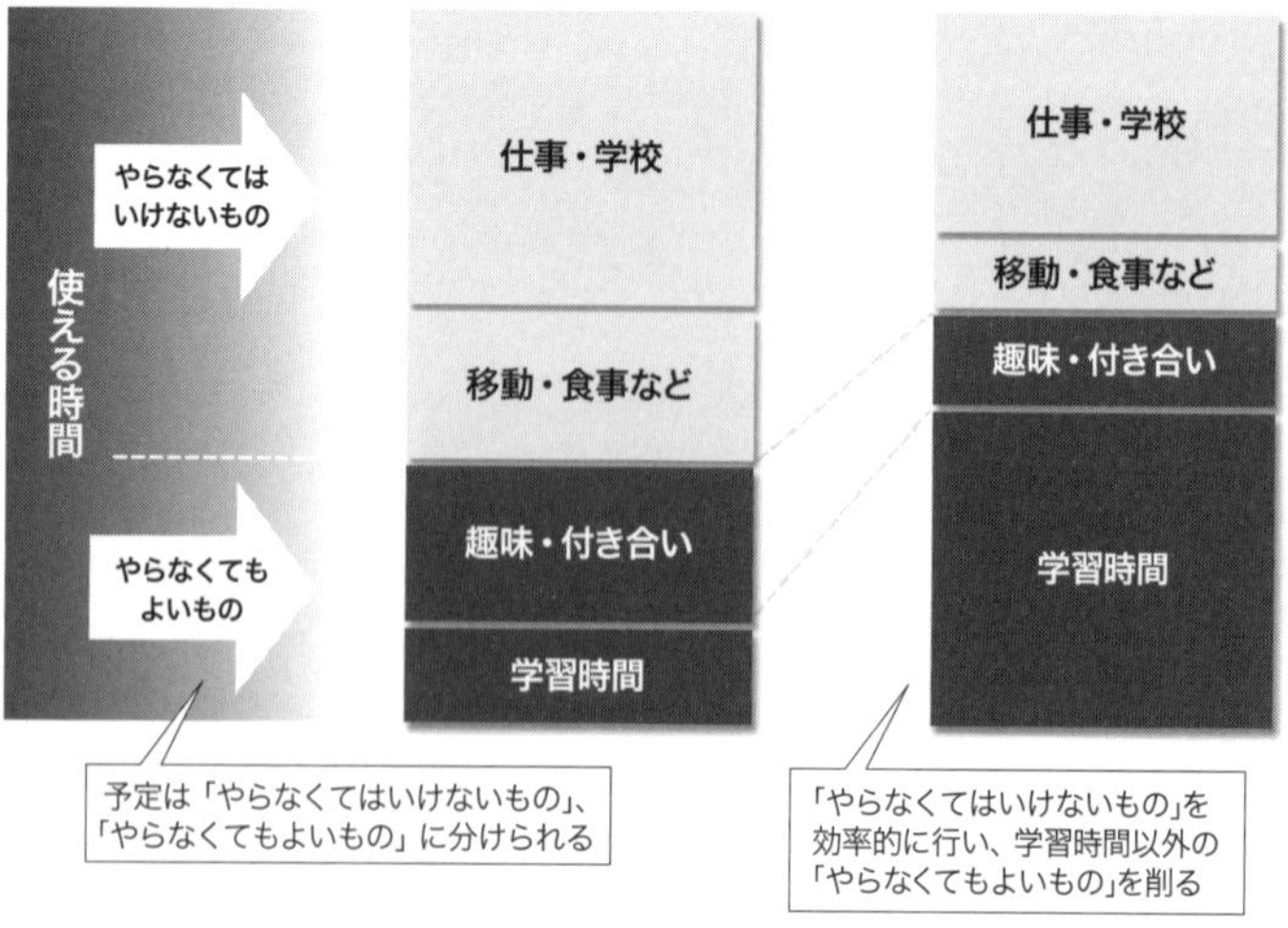

議内で資料について指摘されたことをリアルタイムで会議内に修正してしまうことも多い。指摘事項の修正など最低限のことは最短でおこない、より高い付加価値を出すための議論に費やす時間を確保するためである。

私は今オックスフォード大学院に通うかたわらロンドンのテック系企業で働いているが、日本企業との大きな違いは、やはり社員全員が効率的に仕事をするという意識を持って働いていることだろう。

まず、驚くほどミーティングをしないのである。事前に日程調整がともなうような会議は週に1回あればよいほうである。また、結果を出していればどこで働いてもよいので、社員がそれぞれ別の場所で働いている。自宅からのリモートワークは当たり前で、他の国で旅をしながら働いている人もいる。会社の規模が小さいということもあるが、前職でロンドンの大企業で働いていた社員もワークスタイルは同じような感じだったと言っている。

海外では自身の働く時間と場所を自身でコントロールできることが当たり前になりつつあるが、日本でもそうなってほしいものである。

学生においても、たとえば大学の講義で講師が淡々と教科書を読み上げているような授業があったとしたら、これは家で自分で読んだほうが早いので、「○○の講義には出ない」、あるいは「○○の講義中は参考書を読む」というように決める。また、課題についても6割、

7割の完成度まで最速で持っていき、時間の余ったところで8割、9割に持っていくというように決めておく。

アメリカ、イギリスの大学では明確にエッセイ課題（欧米の大学の講義では、単位取得のためにテストを受ける替わりに、エッセイ（論文）を提出することで単位取得をするケースが多々ある）の採点基準が記載されていることが多い。

たとえば、「○○○のフォーマットで引用をおこなうこと」「○○○の内容が含まれていること」「○○○理論を使って計算をおこなうこと」というように基準が明確化されているため、それにミートするものを作成すれば落第点を取ることはまずないので、基準のクリアをまずおこない、さらに点数を稼ぐような詳細な調査・分析などは空き時間にやればよいのである。

こういった採点基準が不明瞭な場合は、素直に教授に聞けばよい。

睡眠は適切な睡眠時間に個人差があり、一概には削ることはできないが、移動、食事に関しては削ることができる。移動に関して、簡単なのは職場、学校、あるいはよく行く場所の近くに住むのが一番時間の節約になる。また、どこかで予定があって出かけるときは近くの場所で別の予定を入れることで移動の手間を省く。

食事に関しては、健康的にも充実した食生活という観点からも、あまりよろしくないがコンサルティングファームで働いている頃、食事といえば1年を通してほぼ同じビルで売っている弁当だった。だいたい三つくらいよく弁当を買う店があるのだが、その三つのなかでローテーションさせることで弁当を選ぶ手間も省いていた。つまり、「弁当選びをしない」と決めていたのである。アメリカにいたときも同様に、大学のカフェテリアで数種類ある選択肢のなかで決めていた。

有名な話だが、スティーブ・ジョブズは「毎日服選びをしない」ということを決めていたので、同じ服を何着も持っていて、毎日同じ服を着ていた。これによって服を選ぶ時間を節約し、真にやるべきことに注力できるようにしていたのである。マーク・ザッカーバーグやアインシュタインも同様のことをしていた。

また、アニメーション監督の宮崎駿監督は毎日ほぼ同じものを食べ続け、食事は5分で済ませていたという。

また、こういった習慣には決断する回数を減らすことによるエネルギーの消耗を防ぐ効果もあると言われている。

×やらなくてもよいもの

これは、至極単純で、余暇の時間を削るというものである。

好きなことをやる時間を削るということなので、さぞ自制心と精神力が問われるかと思いきや、ルール化・習慣化してしまえば実はそんなことはない。

仕事においても、「付き合いで飲みに行くのは週に1回まで」「ジムに行くのは週に1回」「SNSをチェックするのは1日○○回まで」などのルールを決める。

私はお風呂やサウナ、スパなどが大好きなのだが、忙しいときは「サウナやスパに行かない」「家ではお風呂ではなくシャワー」ということを決めていた。

私の友人で糖質制限をしている人が何人かいるのだが、いずれもダイエットなんてしたことがない人なのに何か月も続けているのである。

習慣化してしまうと、糖質を摂取することに対する罪悪感が芽生える。ルール化・習慣化できてしまえば、そのルール・習慣に反する行動をするのに罪悪感を感じるので、こうなってしまえば成功である。私とその友人で飲みに行って、私が友人の覚悟を確かめるためにわざと糖質がふんだんに含まれる食べ物を注文しても友人はまったく動じないのである。

情報量の最適化（情報の取捨選択）

⑨A4用紙1枚の「制限」

とりわけテスト対策においては戦略が必要である。
戦略とは**「戦いを省略すること」**である。

アメリカの大学は課題図書を読んだり、レポートやエッセイ等の宿題が非常に多く、効率的にやらなければ時間がいくらあっても足りない。そのため、「何をやらないか」を選ぶことが重要である。

私がよくやったテスト対策は**「コースごとに紙一枚の授業内容のまとめを作成し、それを眺める」**ということである。

非常にシンプルに聞こえるが、これが極めて有効である。
紙一枚にしか情報を書けないという制限を設けることで、本当に重要なことを自身で取捨選択して書くことになる。その過程で、この授業で何が重要で、何が重要でないのかがわかるようになる。

こうして、重要な公式や単語、コンセプトや理論などが書かれたシートを作成し、それをテスト前に眺めるのである。

つまりは、このシートを作成する時間が勉強時間になっており、シートを眺めるのは直前の復習という訳だ。

おかげで、カレッジでの成績はクラスで常にトップクラス。成績はよい順にA～Fまであるのだが、卒業間近までは私の成績は「オールA」だった。

カリフォルニア大学時代もこの勉強方法で優秀な成績をキープしていた。

⑩「内容・考え・タスク」のノートテイク

ノートをとる目的は「記録」と「整理」の大きく二つある。

まず、「記録」に関しては、**「内容」「考え」「タスク」**の三つを記録する。

「内容」は講義、会議の内容。黒板やホワイトボードに書かれたことをそっくりそのまま書き写す学生がいるが、これはあまりよくないノートのとり方である。

●A４用紙１枚にまとめる

授業・講義内容のまとめを１枚の紙に作成する。非常にシンプルな方法だが、本当に必要な情報だけを自分で取捨選択して書くことになり、理解度が高まる。右のノートは私がカリフォルニア大学時代のもの。

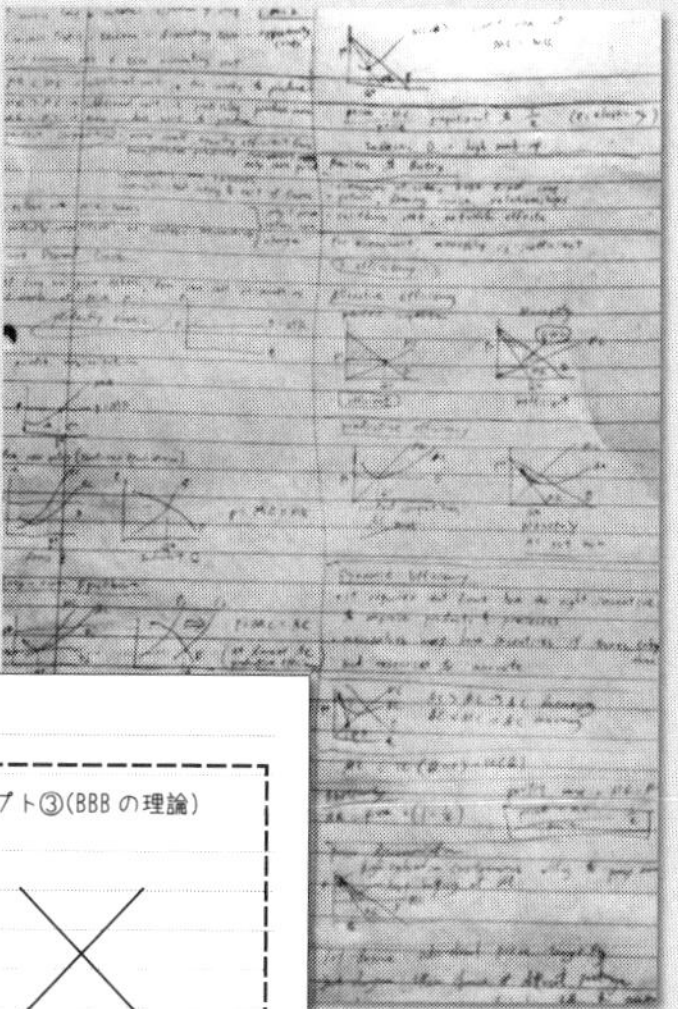

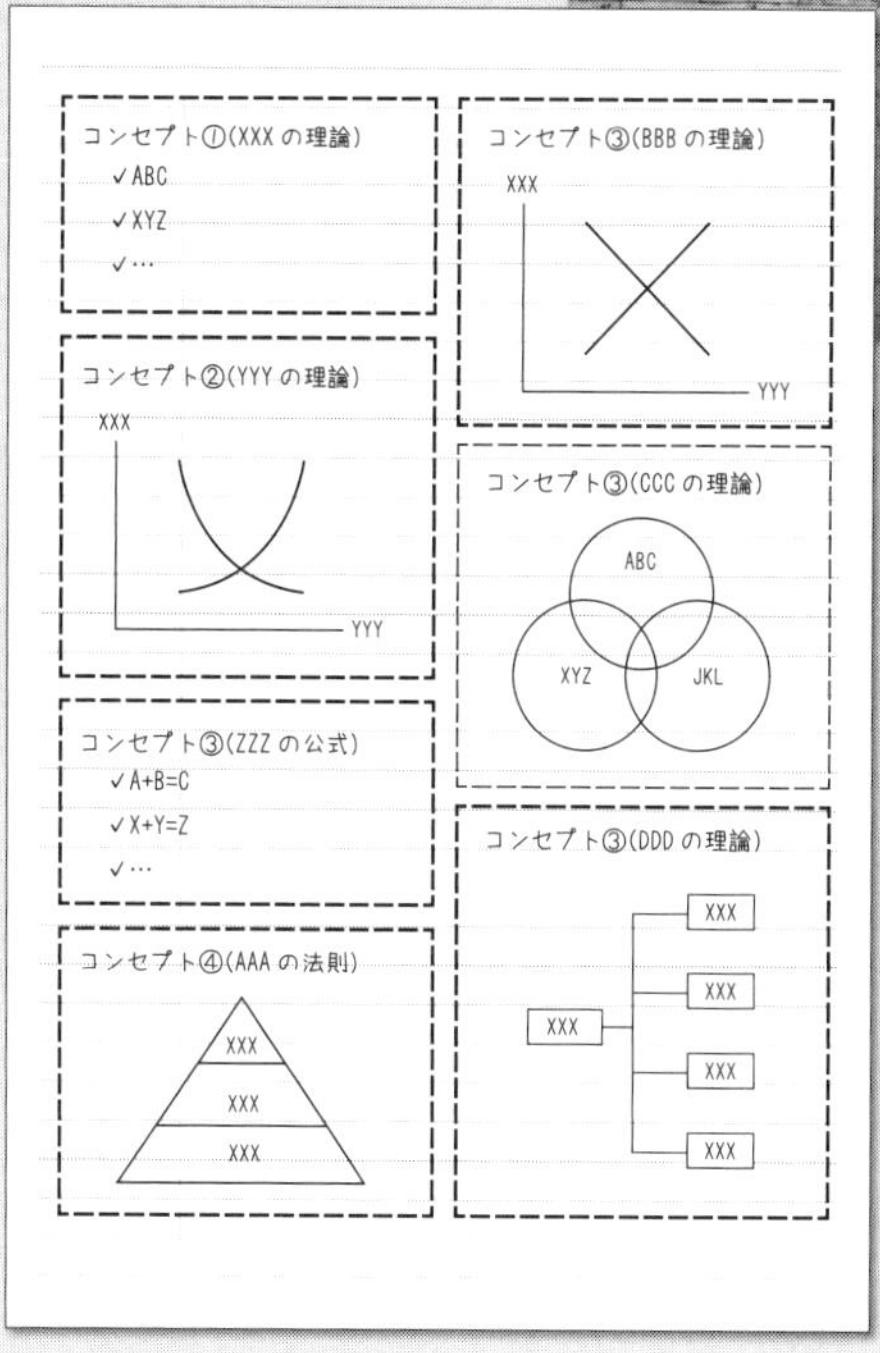

講義のなかで黒板・ホワイトボードに書かれた内容は情報の一部でしかなく、講師が言ったことや学生の発言が漏れている。黒板・ホワイトボードに書かれていない内容のほうが重要な場合もある。もしまったく同じ内容を書き写すのであれば黒板かホワイトボードの写真を撮るほうが手も疲れないし、データとして保存もできる。

仕事においても、会議内で投影される資料よりも「発言内容」を記録し、また会議内での出席者の反応を観察したりすることが重要である。

「考え」とは、講義や会議内であれば自身の意見、感じたこと、気づいたこと、疑問点などがあげられる。

その他、普段のメモとして、私は出先で日ごろ思いついたアイディア、知らなかった英語の言い回し、気に入ったアーティスト、読みたい本、見たい映画、行きたいレストラン、その他もろもろの気づきなどをＥｖｅｒｎｏｔｅ（エバーノート）にメモするようにしている。

また、オフィスや家などでＰＣを開いていて、

▲ Evernote を使ったメモ

面白いアイディアや日ごろの気づき、面白い記事などがあればパワーポイントを使ってメモしている。スライド1枚が一つのアイディアや記事などについて記載するようにしているので、あとで見返した後も、1ページごとにコンセプトが載っているので見やすい

「タスク」とは、「何を」「誰が」「いつまでに」を記載する。自身のタスクはもちろんのこと、別の人のタスクも忘れないように記載する。

ノートをとる二つ目の目的である「整理」とは、おもに自身の頭のなかの整理をして内容を咀嚼するというものである。整理をするときのポイントとして二つのテクニックがある。

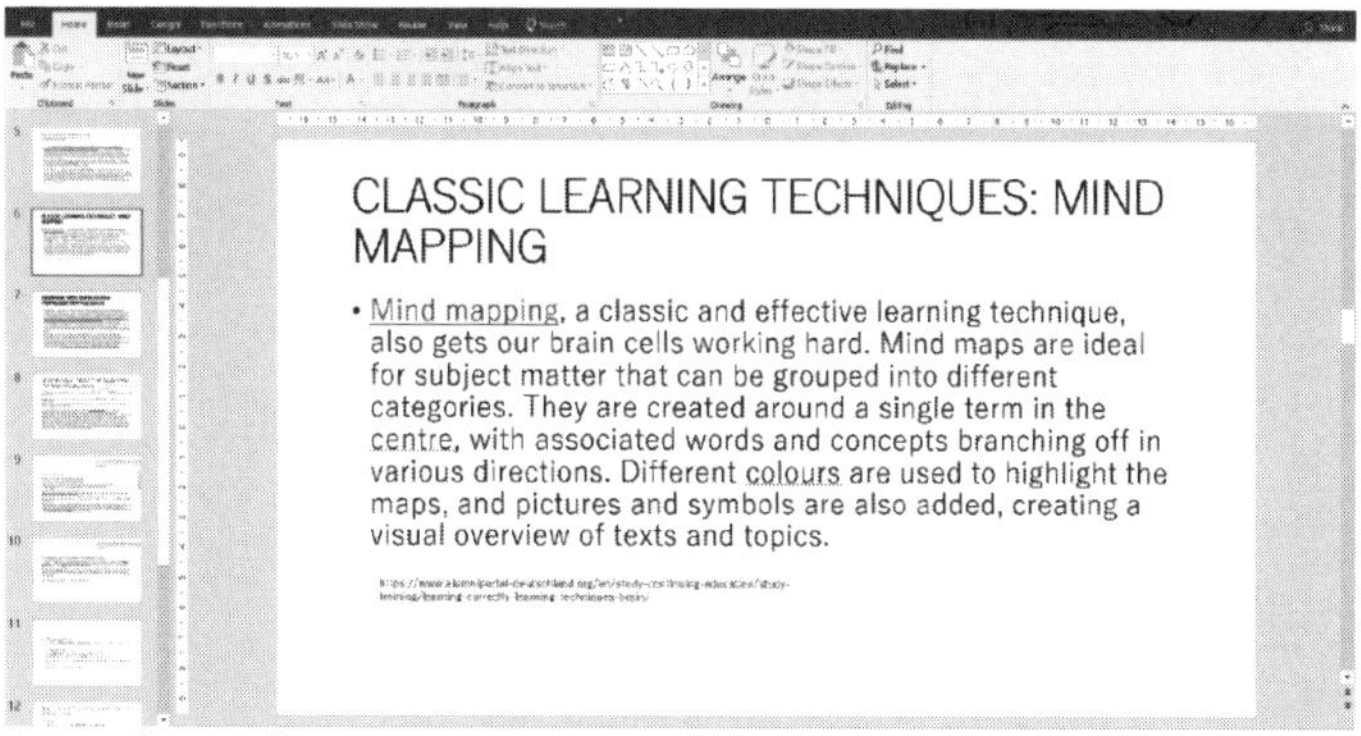

▲パワーポイントを使ったメモ

一つは「構造化」

構造化とは、ざっくり言うと「情報の全体像と構成要素、及びその関係が明らかになっている」ということである。これは例をあげたほうがわかりやすいかと思うので、たとえば、あなたは18世紀以降のクラシック音楽について勉強しているとする。

「18世紀以降のクラシック」は、大きく「古典派」「ロマン派」「近代」に分かれ、古典派の代表的な音楽家は「ハイドン」「モーツァルト」「ベートーヴェン」、そしてベートーヴェンの楽曲は9曲の交響曲、5曲のピアノ協奏曲、17曲の弦楽四重奏曲……といったように階層を意識したノートの取り方である。

授業を聞いていて講師が100%時系列に沿って講義をしているかというと、必ずしもそうとは限らない。生徒が講師に質問をするときも、授業の終盤で「授業の冒頭の〇〇〇があまりよく理解できなかったのですが……」と内容が前後することは多々あるので、講師が言ったことをそっくりそのまま上から下に左から右にノートに記述していると、あとで見返したときにトピックが行ったり来たりしてかえってわかりづらいということがある。

なので、ノート上に情報の階層を作っておくことで、関連するテーマの議論になったときに、あとでいつでもその階層に情報を足すことができる。

会議の場ではとくに顕著で、発言が行ったり来たりするのが常であり、そのまま議事録を取っていたのでは、あとで見返しても非常にわかりにくい。

このテクニック、簡単そうに見えるが完璧にできている人はあまりいない。コンサルティング会社では、とくに資料作成においてこの階層をうまく作ることが重要で、この階層を「レベル」と呼び、これが少しでもずれていると「レベル感がずれている」というダメ出しをお互いにし合うのである。

二つ目は「ビジュアル化」

ノートをとるときは一目見ただけでわかるような図や記号を使うことで、シンプルな概念として整理でき、また見返したときにも文字を読み込む必要がなく、図を一瞥しただけで概念を思い出すことができるため、時間を節約できる。

たとえば、原因と結果のような「関係性」、あるいは「時系列」などは物事を矢印でつなぐことで表現できる。何かの「プロセス」であれば矢羽（シェブロン）のような図形を使って表現する。

特定の「複数のグループ」を表すときはベン図を用い、「内包されるもの」を表すときは上位概念として大きな円を描き、そのなかに下位概念である小さな円を描く。概念の階層を表現するときはツリーやピラミッドのような図形を用いて表現する。

「軸や基準」を用いて何かを語るときにはマトリクスや表で表現する……といったように論理構造を図形にしてしまうことによって文字で説明すると冗長になってしまうような事柄の説明をそのまま省くことができるのである。

こういったノートの取り方をするうえで、適切なフォーマットとしては、ノートの右から3分の1程度のところに縦線を引き、全体を3分の2と3分の1に左右に分ける。そして、全体の3分の2を「内容」の記録として使い、残りの3分の1を「考え」「タスク」を記載するスペースとして使用する。「内容」を記述するときには、おもに「構造化」と「ビジュアル化」を意識して記述する。

●ノートの取り方例

ノートの右から3分の1程度のところに縦線を引き、全体を3分の2と3分の1に左右に分ける。そして、全体の3分の2を「内容」の記録として使い、残りの3分の1を「考え」「タスク」を記載するスペースとして使用する。

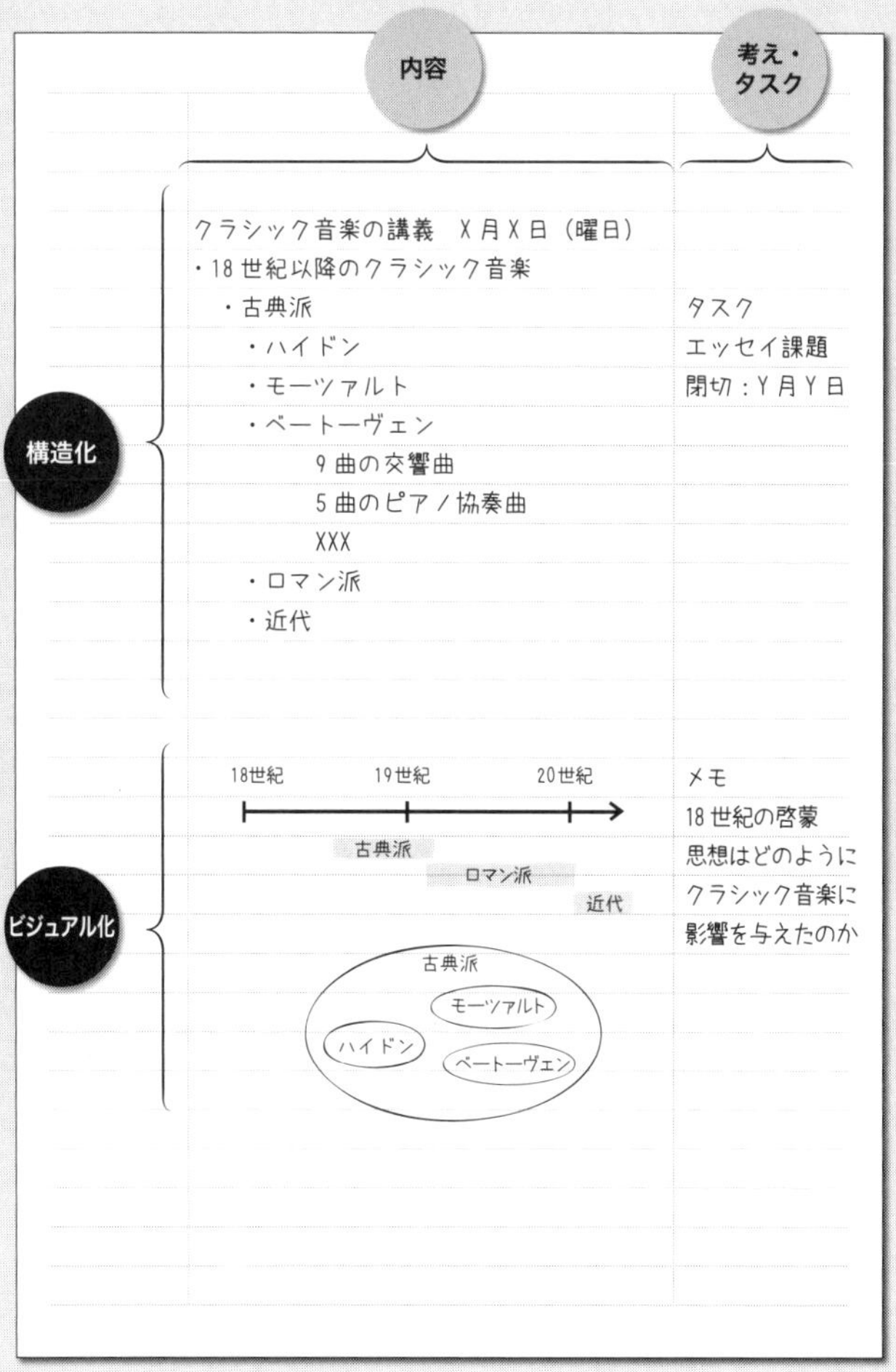

⑪読書の「目的化」

読書には大きく2種類ある。「目的のある読書」と「目的のない読書」である。

目的のある読書とは、たとえば仕事や研究などで調べものをしていて、本の特定の箇所の記述や説明を探すというものである。こちらは目次をさらっと読み、探している情報がありそうな章だけ読んだり、あるいは電子書籍であれば文字列で検索をかけることもできる。

勉強するときに教科書を読むにしても最初から最後まで隅々まで読むということはしない。概要だけ把握してとくにわかりにくい箇所を読むとか、練習問題をやって間違えた箇所だけ詳細に読むといったことにとどめておくのが効率的である。

教科書に書かれている文章は理解の齟齬《そご》がないように丁寧に（回りくどく難しく）書いてあるのでむしろわれわれが普段話す言葉とかけ離れている分、わかりにくいのである。それよりは、わかりやすく噛み砕いた解説や問題の解き方などがインターネットにいくらでも落ちているので教科書よりもそれらを参照したほうが効率的である。

こういった目的のある読書は基本的に欲しい情報を探すだけなので簡単である。

問題は「目的のない読書」のほうである。たとえば、ふと面白そうだと思った本を手に取って読んだり、興味がなくても目に入った雑誌やインターネットの記事を読んだりといったことがあるだろう。

仕事や学校の授業に関係のない、目的のないトピックは読んでもすぐに忘れてしまう。それではせっかく本なり記事を読んだのにもったいないので、目的のない読書には無理やり目的を与えるのである。

たとえば、ブログにサマリーをアップする、トピックに興味のある友だちと内容について語るなどなんでもいい。私は本を読むときに簡単なワード1枚程度のサマリーを作成することがある。

あるいは、本を読み終わった後は必ず頭のなかでサマライズするということをおこなっている。また、役に立ちそうな情報、心に残った言葉などはメモして押さえておく。

こういった文書を読んだ後の頭の整理も大事だが、文書を読む前にも気をつけるポイントがある。

本や資料のタイトルや目次からどのような内容なのか想像を膨らませると同時に、筆者がどのような背景・目的で書いたのか、重要そうな部分はどこなのかといったことを想像する。

とくに仕事で使う資料などでは「この資料の目的は」「誰の目線で作成されたのか」「誰に対して作成されたのか」「この資料は何の会議で使われたのか」など問いかけをすることに

より、全体像の把握や他の資料との関連、文書の位置づけなどが把握でき理解度が深まる。

コンサルタントをやっていたときには、オフィスの本棚にビジネス書がたくさん置かれていたので、仕事に直接関係がないものでも手に取って読んだりしていた。また、職業柄、『日経テレコン』や『SPEEDA』、『Wall Street Journal』、『Economist』などは使い放題だったので、これらでニュースを見ていた。あと、私がよく見るのは『Newspicks』。これはさまざまな記事に対して、いろいろな人が自身の職業や会社名を明かして意見を述べているので、匿名で好き勝手に意見を述べる他のインターネットメディアとは一線を画している。

読者の興味に応じてニュースを最適化するようなサービスもあるが、これは情報が偏ってしまう恐れがあるのであまり見ないようにしている。

Ａｍａｚｏｎのリコメンデーションも同じである。私も昔あれにつられてポチポチと本をたくさん買っていたら、いつの間にか家の本棚には同じような本がぎっしりと並んでいた。2冊や3冊同じような本があるのは、情報の検証の観点からも別の視点から同じ問題を考えるというような観点からもよいかもしれないが、さすがに何冊もあると別のことに時間を使ったほうが賢明ではないかと思う。

そうならないためには本屋に足を運ぶのがよい。あとはＳＮＳなどで人が勧めている本を買って読んでみたりするのがいいだろう。

⑫取捨選択のための「モジュール化」

モジュール化というのは、物事を構成要素に分解することである。学習におけるモジュール化は、一つの大きな学習・研究トピックをいくつかのサブトピックに分解して、サブトピックごとに学習・研究を進めることで最終的に本来の大きなトピックの理解ができるようになることである。これは、題材の範囲が大きければ大きいほど有効である。

たとえば、「中国とドイツの貿易」について学んでいるとする。

まず「中国」と「ドイツ」に分け、さらに「中国」の政策、産業構造、人口動態、文化、歴史……などに分解する。ドイツも同じように分解する。そのうえで、貿易に関係がありそうな箇所をピックアップして深堀をする。たとえば、貿易に際して対象国の産業構造は重要だが、対象国の歴史についてはそんなに深く理解しなくてもいいかもしれない……など。

そして、2国についてある程度理解が深まった段階で次に「二国間の貿易」に焦点を当て、収支やトレンド、ルール、リスク……に分解し、さらにリスクは政策、為替、需要の変化……のどこにあるのかといったように要素に分ける。そのうえで、本当に知りたい箇所のみ詳細に調査すればよい。

いきなり「中国とドイツの貿易」という大きなテーマをやみくもに調査すると、いろいろなトピックに派生してしまい、調査、あるいは学習し終わった後に「結局何が重要なんだっけ?」となってしまう。なので、トピックを要素ごとに分解し、優先度をつけて取捨選択することで本当に重要なポイントが理解できるし、大きなトピックを学ぶ前段階としてサブトピックを前提知識として学ぶことで理解が各段に深まる。

また、自身の知識について正しく理解できるというメリットもある。たとえば、「中国とドイツの貿易についてあまりよく知らない」という認識でいるのと、「中国とドイツの貿易について、収支トレンドは理解しているが、どういったルールが存在するのかがよくわかっていない」という認識でいるのとでは、その後の学習に大きな差が出る。**自身の足りていない箇所を的確に理解したうえで学習をするほうがはるかに効率がよい**に違いない。

もっと簡単な例をあげれば、楽器の演奏で特定の曲を練習するとき、いきなり曲全体を通して練習するよりも、フレーズやリフに分解して練習をするほうが効率的である。フレーズやリフを覚えて、それらを組み合わせて一つの曲が演奏できるようになるのである。

仕事をするうえでも、多くの場合、モジュール化をおこなって作業を分担しておこない、最終的に一つの成果を作り出す。

定着率の最大化（学習効率の向上）

――集中力とモチベーション

⑬自らの成長のための「適度なストレスの創出」

学習においても仕事においても、自身の居心地のよい環境ですでにマスターしたことだけをやるのは自身に居心地のよい場所（コンフォートゾーン）にいることになる。コンフォートゾーンにずっといると何が起きるのか。

何も起きない。

何も変わらず、成長もしない。

かといって、まったくできもしないことをいきなりやってもダメ。たとえば、勉強を始めたばかりで、いきなりやったことがない難しい問題を解こうとすると当然わからない。そうすると何が起きるかというと、

「こんな難しい問題私には一生かかっても解けない」

「だけども、このレベルの問題が解けないと○○大学に入るのは無理だ」

「私には勉強の才能がないのだ」

「勉強なんてやめてしまおう」

と、挫折してしまう危険性がある。また、勉強自体を辞めてしまう恐れまである。

アメリカに留学していたとき、私のまわりに日本の高校を出てすぐにアメリカの大学に留学をしたが、間もなく大学を卒業せずに帰国してしまった人たちがいた。

日本の普通の高校に通い、成績もよく、とくに英語が得意といった自信に満ちた人たちである。

しかし、高校を卒業するまで親元を離れたこともなく、大学に入ってから初めて親元を離れて生活し、大学に入るや否や英語でアメリカ人と難しい議題について議論しなくてはならない。

これまで得意だと思っていた自分の英語がまったく通用しない。困っても相談をする相手もいない。こういった状況で留学を途中であきらめて帰国してしまう人がけっこういたので、これは珍しいケースではない。

仕事においても、ずっと経理業務をやっていた人にいきなり外回りの営業に出て契約を取ってこいと言ったところで契約を取れる見込みは少ないだろう。それどころか、その経理の社員は自信をなくして会社を辞めてしまう可能性もある。

またあるいは、脱サラをして自身の専門分野とはまったく関係のないことで起業をして大失敗するケースなどがあげられる。

こういったケースのように、いきなりまったく新しい環境で自身のやったことがないことをやると大々的に失敗・挫折してしまう可能性がある。

どうすればいいのかというと、新しい環境に慣れるか、同じ環境のままで新しいことにチャレンジするかどちらかから始めればいい。

たとえば、仕事においては、自身の専門性が活かせる業務を新しい環境（新しい部署、拠点等）でやるとか、あるいは自身の働いている部署内で徐々に新しい業務にチャレンジしてみるとか。

学習においては、普段の学習環境で徐々に新しい勉強をしていくのがよい。たとえば毎日新しい単語を徐々に覚えていくなど。あるいは、自身の勉強をしていることを環境を変えてやってみる。あるいは、英会話の勉強をしているとしたら、普段は塾などで日本人の先生に英会話を習っているところをビデオ英会話で外国人と話してみるとか、あるいはパブに行って外国人に話かけてみるとか。

その際、**短期的な目標**を設定しておくといい。短期的な目標は抽象的な言葉ではなく、数値目標などの具体的なものであるとなおよい。たとえば、「今月は語学関連本を読む」ではなく、「今月は語学関連本を3冊読む」というほうが実現性が高くなるし、「今週はこの本の真ん中まで読もう」というよりも「今週は3章の終わりまで読もう」、あるいは「今週は100ページまで読もう」というほうが目標を達成しやすくなる。

そして、このような小さな目標が最終的な大きな目標に紐づいていると理想的である。小さな成功体験（スモールウィン）を積み重ねることで着実に結果を出せるようにしていくのが学習であるし、自信にもつながってくる。

スモールスタートで徐々にやることがポイントである。

つねに居心地のよい場所に居続けてはダメだし、いきなりまったく新しい自分にはできないことをすると挫折してしまうリスクもある。その中間くらいを維持して、少しストレスがあるくらいの生活がちょうどいいのである。


まったくストレスがない、あるいはストレスが高い状態よりも、適度なストレスがあるほうが高いパフォーマンスを生むと言われている。

たとえば、「ヤーキース・ドットソンの法則」というのがある。心理学者のロバート・ヤーキースとJ・D・ドットソンがラットでおこなった実験で、まったく電気ショックを与えないよりも少量電気ショックを与えたほうが、ラットの学習効果が上がったという実験である。

しかし、電気ショックが強すぎると学習効果が逆に下がっていく結果となった。つまり、適度な電気ショック（ストレス）が学習効果を向上させるという実験結果で人にも当てはまると言われている。

私はアメリカの大学にいた頃、自らストレスフルな環境に飛び込んで強制的に勉強する環境を創り出すためにあえて難しい講義を履修したことがあった。

アメリカの大学では難しいクラスは誰も取りたくないため、情報が行き届き、「あのクラスはハードだ」「あのクラスでAを取るのは不可能だ」といった噂話が絶えない。

そういった授業で優秀な成績を取ることが自らの自信へとつながり、また「あの難しいクラスでよい成績を取ったヤツ」として一躍有名になれるので、コミュニケーションツールとして機能するなどモチベーション維持以外にもいろいろとポジティブな側面もあった。

ストレスを与えることも重要であるが、同時に過度なストレスをコントロールするのも重要である。

私は留学中、膨大な勉強や課題に追われているとき、あるいは仕事が忙しくてタクシー帰りが続くようなストレスフルな環境のなか、たまに趣味のギターを触ったりして、ストレスをコントロールしていた。

科学者の落合陽一氏も高校のときは勉強するかたわらギターを触っていたという（もっとも、落合氏の場合、ギター弾くよりも、分解して中身を調べたり、音の波形を観察することに興味を惹かれていたようだが……)。

ストレスの対処法として、代表的なものはスポーツである。時間があるときはよいが、受験やテストの勉強、仕事でも真剣にやっていると普段スポーツする時間がないことが多い。そういうときは外に出て散歩をしたり、家で筋トレをしたりする。

実は貧乏ゆすりも運動の一種である。貧乏ゆすりは一般的に行儀が悪いのでやってはいけないと言われているが、実はストレスや不安を解消する効果があるのではないかと言われていたり、体を小刻みに揺らすことで脳への血流を増加させ、記憶力を増加させる働きがあるといった話もある。

私は尋常ではないくらい貧乏ゆすりをする。留学していた頃に、隣の席の学生に「Stop shaking!」と怒られたこともある。たしかに、人前でやるとみっともないけれど、よい効果もあるのであれば一人でいるときには無理に止めなくてもいいと思う。

それから、何もしないでボーッとしている時間、これも脳活動の効率を上げたり、ストレスを軽減するという話がある。

スティーブ・ジョブズやビル・ゲイツ、松下幸之助などのビジネスの成功者たちも瞑想をしていたというし、イチローや本田圭佑選手のようなスポーツ選手も瞑想によって集中力を高めていたという。著名経営コンサルタントであるATカーニー会長の梅澤高明氏は夜寝る前に瞑想することによって次の日に疲れを引きずらないと言っている。

これらのように、自分の趣味でもいいし散歩でも貧乏ゆすりでもいい、何もしない時間を意図的に作るのでもいいので、ストレスをコントロールしながら学習するように心がけよう。

⑭学習を楽しむための「ゲーム化」

これは、学習を**「ゲーム化」**することで学習意欲を維持するという方法である。

本来であれば、学習をゲーム化して、楽しいものにするのは講師など教える側の仕事であると個人的には思うが、そうでない講義もあるので、そういった場合に自身で勝手にゲーム化するのである。

学習におけるゲーム化の要素としては、大きく**「目標」「報酬」「分析と戦略」「競争と協力」「当事者意識」**の五つがあると思う。

目標

最終的に達成すべき「大きな目標」と短期間で達成すべき複数の「小さな目標」を設定することで、最終的な目標に向かって日進月歩近づいているという認識を作り出してモチベーションを維持するものである。

たとえば、学生であれば卒業までのすべての成績を大きな目標として設定する。アメリカでは企業が採用の際に成績（GPA）を重視していたり、GPAが下がるともらえなくなる奨学金などがあったりするので、高GPAを卒業までキープするということを「大きな目標」として掲げる人が多い。そして、高GPAを維持するのに必要な数値目標（テストで○○点、クラスで上位○○%の成績、クラスで○○位の成績を取る等）を「小さな目標」として設定する。

企業の例でいえば、A製品の年間売上げ○○○億円というように大きな目標を設定した後にそれを4半期の数値目標、月間の数値目標、営業マン一人あたりの目標というように小さな目標に分解していく。

報酬

前述の目標を達成したときの報酬を自身で設定する。

たとえば、テストが終わったら買い物に行って新しい服を買おうとか、プロジェクトがひと段落したら飲みに行こうといったように目標達成のその先に報酬を置くことでモチベーションを高める。

多くの会社では、営業職において「契約を○○○本獲得したらボーナスアップ」といった報酬設定がされており、営業職のモチベーションアップを図っている。

一方、余談ではあるが、たとえばＩＴ部門などの結果を数値化しにくい部署では報酬はもちろんのこと、効果的なＫＰＩ（重要業績評価指標）も設定されておらず、品質・サービス向上のインセンティブが低迷しているという話はよく聞く話である。

最近ではユーザー満足度、対応時間などのＫＰＩを測って一定の基準を遵守させる会社も増えてきているが、目に見える形で報酬まで与えている会社は極めて少ないだろう。

分析と戦略

受験生が予備校に通うのは、出題予測に対してお金を払っているといっていい。予備校講師が過去の出題傾向を分析し、戦略を立て、出題の可能性が高い事柄を強調して教えるので、自身で勉強をするよりも試験に出そうな箇所を中心に勉強する分、効率的に学べるというのが多くの人が予備校にお金を払う理由である。

もちろん予備校ではなく、個人でやる人も一定数いる。実業家の堀江貴文氏は東京大学に入る際、すぐに試験勉強をしないでまずは試験に受かるための戦略を立て、その戦略に基づいて勉強をすることで短時間の学習で東大に合格したという。

受験もそうだが、学校での試験などにも当てはまる。

「過去の出題傾向はどうか」「講師が強調しているポイントは」「点を取りに行く／捨てるセクションは」「暗記が必要な箇所は」といった問いかけを自分自身でする。

誰もが過去問を解いたり、教授に「どんな問題が出題されますか」と聞いたりと無意識に分析や戦略立案をやっているが、これを意識的にやってみる。過去何年かの問題の出題数を問題ごとに把握するだけでも面白い結果が得られることがあるし、講師に「逆に出題されないのはどんな問題ですか」「過去の卒業生の正答率が低かったのはどんな問題ですか」というように質問の切り口を変えてみて、その答えを糸口に対策を練ったりする。

競争と協力

心理学者のノーマン・トリプレットがおこなった実験で競争によってスポーツのパフォーマンスが上がるという結果がある。

アメリカやイギリスの学校では学習において競争・協力が積極的に導入されている。たとえば、スタディグループという数人のチームで何か一つの課題をおこなったり、テスト対策をおこなったりするのが一般的である。スタディグループ間の「競争」とスタディグループ内での「協力」をおこなうことで学習効率を高めるというゲーム化の一種である。

企業においても競争環境に身を置かれていなければ商品・サービスの質は一向に向上しないし、昨今、他社との連携なしでは競争に勝つのは難しい。

当事者意識

ロールプレイングやケースメソッドと呼ばれる学習方法がある。

これらは、自身が政治家や会社の社長になったつもりで**「自分だったらどうするか」**という視点で問題を考えるというものである。ビジネススクールや国際政治などを学ぶ大学院などでは多用される手法である。

これらの手法の意図としては、おもに戦略策定や意思決定のトレーニングという要素が強いが、もう一つあると思っている。

それは、**「当事者意識」**を持たせるということで学習に真剣に取り組むことができるということである。過去の成功事例などを読むだけだと所詮は他人事。当事者になったつもりで真剣に考え、解決策を提案するところまでやらないと身につかない。

逆に「当事者意識」が薄れると真剣に取り組まなくなる。たとえば、学校や職場で何かについてプレゼンをおこなうという課題があったとする。1人でやるのであれば、当然発表の際に恥をかきたくないので真剣にやる。ところが、1人ではなく、3人、5人と人数が増えるにつれて当事者意識が薄れ、真剣さが薄れていく。10人以上になってしまうと、もはや「誰かやってくれるだろう」の世界である。

オックスフォード大学のMBAでは、リアルタイムにビジネスをおこなっている会社をケースタディとして取り上げ、さらにその会社のCEOを学校に招いて生徒がCEOに対してプレゼンをおこなうというものがある。自身の提言が実際にその会社の経営に影響を与える可能性があるので、生徒たちは当事者意識を持って真剣に取り組むのである。

ちなみにこれまで「ゲーム化」の話をしたが、ゲーム化ではなく実際のゲームをやるのもおススメ。Nintendo DSやスマホアプリなんかで英単語や文法を覚えるようなゲームがたくさんあるし、私はそういったゲームなんかも利用してボキャブラリーを増やしていた。もっと言えば『ファイナル・ファンタジー』などのガチのゲームの英語版をやったりして英語の学習をしていた。

理解

⑮内容把握のための「抽象から具象へ」

詳細な事柄を勉強する前段階として、抽象的に全体像を理解することが有効である。

これには三つ理由がある。

一つ目は、**全体像を一つのストーリーとしてとらえる**ことで記憶に定着しやすいということである。個別の事象ではなく、まずはビッグピクチャーとして全体像をとらえる。歴史などを学ぶときにとくに有効なのだが、経済学にも適用できるし、理数系科目にも大きなコンセプトや概念をまず理解し、その後ディティールを学習するという点では使える。

全体像を理解するうえで、教科書は読まない。読んでも目次や概要程度で、詳細は読みとばす。

私の場合は、ウィキペディアやユーチューブなどでざっくりとした授業の内容をまず理解していた。そして、重要そうな事柄や役に立つ動画のURLなどをワードにコピペして、いつでも参照できるようにした。

「マンガでわかる〇〇〇」とか「〇〇〇のわかりやすい解説」といった本なども山ほど出ているので何かの内容をざっくり把握するときはそういった本を参照してもいいかもしれない。

多くの人は往々にして、5W1Hで言うと、「When」「What」「Who」で物事を覚えがちである。

たとえば、フランス革命前後の思想を勉強するとしたら、多くの場合、

「1734年　ヴォルテール『哲学書簡』」

「1748年　モンテスキュー『法の精神』」

「1762年　ルソー『社会契約論』」

「1776年　アメリカ独立宣言」

「1789年　シェイエス『第三身分とは何か』」

「1789年　バスティーユ襲撃、フランス革命勃発」

……

といった「年号」「事象」「人物」をセットで覚えることで学習をする場合が多い。


全体像（ストーリー）として理解するためには、**「How」「Why」がとくに重要**である。

たとえば、フランス革命の例でいえば、

「封建主義社会のなかで、ルソーのような啓蒙思想を唱える人が出てきて、フランス以外の国でも独立や革命が起こり、フランス国民に不満が募って最終的に革命が起きた」

といった大きなストーリーで物事を理解すると、全体像が理解できるので、後に詳細の勉

強をしたときに、全体のなかの一つのピースとして簡単に理解できるようになる。

二つ目に、**授業の理解度を高められるということ**。

そもそも英語が不得意な人間には、英語の授業についていくこと自体が至難の業である。日本語で初めて習うことを、ましてや英語で理解できるはずなどない。

前述のように、全体像を理解することで、授業の内容が入ってきやすくなる。

毎回予習復習をして授業に臨むのが理想的だとは思うが、すべての授業でこれをやると埒が明かないので、最低限全体像を理解し、全体のなかの一つのパーツとして毎回の授業に臨むことができるようになる。

三つ目に、**重要なトピックに集中できるということ**。

「抽象から具象」とは、「まずは全体像を抽象的に理解し、その後詳細に具体的に学ぶ」ということである。

先ほどのフランス革命の例でいうと、「Ｈｏｗ」「Ｗｈｙ」でまず全体像を理解し、「Ｗｈｅｎ」「Ｗｈａｔ」「Ｗｈｏ」はテスト直前に覚えればいいのである。

しかし、すべての事柄において、「Ｗｈｅｎ」「Ｗｈａｔ」「Ｗｈｏ」を暗記していたのでは効率が悪い。

全体像を理解することによって、重要な事柄とそうでない事柄がわかってくるので、重要な事柄のみをディティールにまで掘り下げ、そこだけ学べばよい。

それぞれの事象がストーリーとして頭にインプットされているので、時系列も頭のなかで整理され、まったくの白紙の状態から暗記をするよりはずいぶんと効率がよいのである。**ストーリーという「幹」**がしっかりしていれば、年号や人物名などの**「枝葉」にたどり着くのは容易**になるのである。

暗記系の学習はどうしても反復学習が必要で時間もかかる。

私は自身の声で年号や事象を録音し、寝る前にそれを聞きながら全体のストーリーを頭のなかで描き、全体のストーリーと詳細との紐づけを頭のなかでおこなうことで記憶をしていた。

⑯他人を巻き込んだ「理解度の確認」

アメリカやイギリスの大学では、**ピアスタディやグループスタディといって複数人でチームを組んで勉強することが多い**。

おもな目的としては、膨大にある宿題や課題図書を分担しておこない、学習の効率を上げるというものである。たとえば、それぞれのメンバーが課題図書を10ページずつ読み、Google Docsで内容をまとめたサマリーを共有したり、直接会って教えあったりする。

自身としては、他人に教えたりディスカッションすることで、自身が得意なことと相手の得意なことを教えあって「知識のトレード」をおこなったり、理解度を向上させるという効果が大きかったと思う。

自分が理解していると思っていたことでも、相手に教えてもらうことで新しい視点が発見できたり、また、自身が相手に教えることで自身の理解の確認ができる。

説明できないということは、自身が理解できないということであるので、説明するのにつまずいたことなどは復習するということになる。

ついでに、英語で説明したりディスカッションをすると英語の勉強になる。

学校の先生や教授が担当科目に詳しいのは、たんに専門分野の勉強をしてきたからというだけではなく、人に教える過程でさらに自身の理解を深めているからである。

とくに教える人と教えられる人の知識格差が大きい場合、教えられるほうは前提知識が少ないので、「そもそもなぜこうなるのか」といった原理的な質問をしてくるため、教えるほうもいろいろと気づかされることが多い。

また、他人に教えることにコミットすることで自身の学習のマイルストーンにもなるし、自身の理解を深めることにもつながる。

たとえば、友だちに1週間後に数学を教える約束をする。あるいは、1週間後にクラスメート全員に自分がテストの復習のための講義をやるというくらいのコミットをしてもいいかもしれない。

そうすることによって1週間後までに自身が完璧に内容を理解していなければならない状況を作り出すのである。そして、「人に教えるには」という視点で学習をすることによって、とくに強調すべき重要な点を探し出すようになるし、説明するためにどういった流れ（ストーリー）で説明するのかを考えるようになる（ストーリーで物事を把握したほうがいいのは前述のとおり）。

仕事においても、会議や上司のレビューを一つのマイルストーンとして、それらに向かって作業を進める。そういった締め切りがなければ、いつまでもダラダラとやってしまうので、「次の講義までに○○○をやる」とか「次のグループスタディまでに○○○をマスターする」といったように自分で締め切りを決め、締め切りに向けて学習なり仕事なりをする癖をつけたほうがいい。

アメリカ、あるいはイギリスの大学では、教授がおこなう通常の講義に加えてティーチングアシスタント（TA）と呼ばれる学生（おもに大学院生）がおり、TAが講義でわからなかったことを解説してくれたり、そのほかクラスに関連する質問があれば答えてくれるようになっている。

こういったTAも、たんに質問をしにいくのではなく、理解の確認や理解度を深めるための深い議論の場として活用するとよいだろう。

私も日本語クラスのTAをしていたことがあるが、質問を受ける立場からすると、「これは日本語でなんというのか」といった調べればすぐにわかるような内容の質問をされるよりも、「このときは○○○のような表現にするのがよいと思うが、どう思うか」といった議論に発展しそうな質問をされるほうがお互いに生産的な時間を過ごせたと思う。

コンサルティングの現場でも、日夜ディスカッションを通じて議論を深め、自身の理解を深めると同時に自身に足りなかった視点を取り入れるといったことを日常的におこなっている。

⑰ 発言することによる「当事者意識」

講義、あるいは会議などではつねに**「当事者意識」**を持つ。

こと学習においては、発言そのものよりも、講義内で発言をすることで当事者意識を持って学習に取り組むということが重要である。

英語があまりできなかった頃、授業の前に発言することをあらかじめ決め、それを覚えて授業のなかで言うようにしていた。

発言する際は、基本的に結論ファーストでそのあとに結論を補強するための理由や例などをつける形で話すと聞き手に理解されやすい。

「I think　～ because ～ .」
（私は～だと思います。なぜなら～です。）

「From my point of view, ～ . The reason for this is ～ .」
（私の考えでは～です。　その理由というのは～です。）

「Generally speaking, ～ . For example ～ .」
（一般的には～です。たとえば～です。）

上のようなテンプレートを自身でいくつか用意しておき、自身が発言をするときもそうだし、教授から意見を求められたときにも上のようなテンプレートを使って発言をしていた。

日本での一般的な学校の授業というものは、基本的に先生から生徒への一方通行であり、たまに生徒を指さして当てても決まりきった答えを言っておしまいである。教える側が「なぜそう考えるのか」「どのようにしてその答えにたどり着いたのか」といった問いかけをしないし、教えられる側も勉強といえば暗記が中心で盲目的に決まりきった答えを求めてしまう。

これが普通なのだと思わないでほしい。「講義中は自身の考えをぶつけ、また相手の意見を聞くための議論の場」くらいのつもりで日々の講義に臨むべきである。

会議においても、発言をするでもなく、議事録をとるでもなく、ファシリテーションをするでもなくただ座っているだけでは会議に来た意味がないので、あまり業務に関係のない会議に呼ばれたとしても、自分自身が当事者としてなんらかの視点を提供しなくてはならないのは言うまでもない。

記憶・定着

⑱基礎の繰り返しによる「無意識化」

「基礎」ができていないとそもそも学習自体ができない。

いきなり難易度の高いレベルのことをやってもまったく身につかないのだ。

ここでいう基礎とは、たとえば数学でいうと、基本的な公式や基本問題の解き方を知っているということである。英語であれば基本的な英単語と基礎文法を知っていることである。

単語や文法がまったくわからなければ、話すことはおろか、書くことも聞くこともできない。

こういった基礎を無意識的に使いこなせるようになって初めて本格的な学習を始められるといっていい。

この基礎がないということは、サッカーでたとえるとそもそもドリブルの仕方を知らないとかシュートの蹴り方がわからないといったレベルである。

学習において基礎的なことは、繰り返しおこなうことで「**無意識**」にできるようにする。

ＮＨＫの特集で、サッカーのブラジル代表のネイマール選手がサッカーをしているときの脳の活動を調べた結果、驚きの結果が得られたのである。

ネイマール選手は足を動かしているとき、「**ほとんど脳を使っていない**」ことがわかったのである。

つまり、足首を回すなどの基本的な動作はほぼ無意識下でおこなっており、基本動作においては脳はほぼ使われていない。そして、使われていない残りの脳のキャパシティーによって素晴らしいパフォーマンスを生み出すことができているのではないかということである。

これを学習に応用するのである。基本的なことは無意識化するまで訓練し、脳を省力化し、本格的な学習に残った脳のキャパシティをつぎ込むということである。

自身が本格的に英語の勉強を始めた当初は、英単語や文法はまったく知らなかった、あるいは忘れていたので中学レベルからやり直しである。

ＴＯＥＩＣ３００点レベルまでの単語を毎日20個覚える目標を立てた。

継続して覚えていき、３００点レベルが終わったら４００点、４００点レベルの単語が終わったら500点と、普通の人であれば次は600点レベルの単語に移るところだろう。

私は500点レベルに到達したらそこでストップし、500点レベルまでの単語をとにかく完璧に覚えた。

その際、用例を同時に覚えることも重要である。

たとえば、「allergic」（アレルギーの）という単語を覚えるのであれば、「I'm allergic to ～」（私は～のアレルギーがある）という用例をそのまま覚えたほうがよい。

単語が単体でそのまま会話に登場することはほぼないので、単語を使った文をそのまま覚えることが重要である。

それに、英文を読んでいて「I'm allergic to ～」という文が出てきたときに「「allergic」に「to」がつくとどういう意味になるんだっけ？」と悩んだり調べたりしなくて済む。

「I'm allergic to ～」が出てきたら無意識的に「～のアレルギーがある」と認識するまでに頭に刻み込む。本当に無意識になると日本語に変換すらしなくてよくなる。

いきなりハイレベルな英語をやろうとせず、英語の勉強を本格的に始めた最初の1年はとにかく基礎を固めた。

文法に関しては、次の基本の5文型を覚え、例文を読み、無意識的に文がどの文型に該当するのかを認識できるまでに繰り返した。たとえば、英文記事や本などを開き、文章のどこが主語にあたり、どこが動詞にあたるのか等を考え、文字の上にペンで「SVO」といったように書き込む、といったことを毎日のように繰り返す。

SV（主語＋動詞）
SVC（主語＋動詞＋補語）
SVO（主語＋動詞＋目的語）
SVOO（主語＋動詞＋目的語＋目的語）
SVOC（主語＋動詞＋目的語＋補語）

英語の勉強を開始してから1年程度はとにかくこれをやった。他のことはあまりやらなかったので渡米してからもしばらくは、時制（現在、過去、現在完了等々）や関係代名詞や冠詞などの細かいことは全然わからなかった。けれども、時制や関係代名詞や冠詞なんかが完璧にわからなくても基礎さえわかっていれば会話は成り立つのである。

理系科目においても同様で、まずは基礎的な公式や計算方法を無意識的に使えるようになるまで練習する。

こういった基礎を完璧にし、基礎を使っているときには脳を使わなくてもよいような状態にまでもっていき、後々難易度の高い問題やコンセプトの理解をするためにのみ労力を使うようにする。

基礎的なことを復習する際、教科書なんかを読まずに、いきなり過去問や練習問題をやるのが効率的。解けない問題があれば、その問題を解くための復習をすればよいだけである。練習問題や過去の出題などは重要だからこそ出題されているので、重要なものだけ復習すればよいのである。

基礎練習において、練習問題や過去問は基本的には弱みの克服のために使う。間違えた問題を繰り返し解いて完璧にコンセプトを理解する。

スポーツをやるには筋トレやランニングなどの基礎トレーニングをするように、学習にもこういった地道な努力が必要で、こういった基礎はすぐには効果がでにくいものの、後々の応用になって効いてくるのである。

⑲長期記憶は「反復」×「周辺情報・ストーリー・人に伝える」

脳は独自に価値判断をして不必要な情報を忘れ、必要な情報を覚えるようにできている。脳が必要な情報と判断するにはいくつかの条件があるが、たとえば感情や運動がともなうと記憶に残りやすいといわれている。

たとえば、感動的な体験をしたらそれは忘れにくいし、運動に関して言えば、昔から書きながら覚えるという暗記方法があるが、手を動かす運動をしながら記憶していることになるので理にかなっているということになる（ただし、これは時間がかかるのであまりおススメはしない）。

また、役に立つことや関心のあることは忘れにくい。たとえば、仕事で使う知識は普段使うので忘れにくいし、漫画やドラマなどの面白くて関心のあるものは忘れにくい。しかしながら、何かを暗記するたびにいちいち感情を揺さぶったり運動をしたりするのでは疲れてしょうがないし、覚えなくてはならないことがすべてすぐ役に立つわけでもなく、興味関心のあることではない。

ものを覚えるのに一番簡単な方法はやはり反復練習である。何度も繰り返すうちに脳が必要な情報と判断し、記憶に残るようになるのである。記憶を定着させるには、多くの事柄を一気に覚えるよりも期間を置いて少ない事柄を何度も復習することが鉄則である。エビングハウスの忘却曲線によれば、一度学んだことは1か月後には8割は忘れ、1日で7割、わずか1時間経つだけでも半分くらい忘れる。

記憶を定着させるには最低4回は期間を置いて反復して記憶する必要がある。復習のタイミングには諸説あるが、たとえば、20分後、1日後、1週間後、1か月後に復習したとすると、9割程度の定着率となる。3か月後に5回目の復習をやればほぼ10割近い定着率となる。

覚える際にたんに覚える事柄を眺めるだけではなく、「思い出す」ことが重要である。**暗記はインプットではなく、アウトプットのつもりで取り組む**といい。

たとえば、声に出したり、紙に書いたり、テスト形式で覚えるといったことが効果的である。その際、間違えた箇所だけ復習するのではなく、すべての問題を復習するほうが効果が高いというパデュー大学の研究結果もある。

ものを覚えるときのコツとしては大きく三つある。

一つ目は、**周辺情報、あるいは覚えたいことの前後のコンテキスト**なども同時に記憶しておくと思い出す手がかりが多くなるので思い出しやすい。たとえば、「イデア論」を説いた哲学者の名前が思いだせないとする。しかし、「ギリシャ哲学者」「ソクラテスの弟子」「アリストテレスの師」「ソクラテスの弁明」といった糸口が複数あれば「プラトンだ」といった具合に思い出しやすい。

あるいは、英単語を覚えるときに例文や同じ意味を持つ類語も同時に覚えると、思い出すときの手がかりが多くなる。

二つ目は前述の**「ストーリーとして記憶する」**ということである。ストーリーというのは大きな木の幹のようなイメージ。そして、「覚えるべき事象」と「周辺情報」は枝葉のイメージ。木の幹であるストーリーをしっかり把握していれば、枝葉の情報にたどり着くのはたやすいということである。全体のストーリーがあいまいで貧弱だと、枝葉はすぐに欠け落ちてしまい、忘れてしまいやすい。

三つ目は**人に話す・教える**ということである。これは、ストーリーを構築するのに役立つ。自分の頭のなかでストーリーを描くとなんとなく理解したつもりでも、いざアウトプットの段階になると出てこないということがある。人に話す・教えるとなると、他人がわかりやすいようにできるだけ噛み砕いて要点を抽出しなければならないのでストーリーが洗練されたものとなるのである。

記憶と切っても切り離せないのが「睡眠」である。短期記憶から長期記憶に切り替わり、記憶が定着するのが睡眠中だといわれている。なので、睡眠前に暗記中心の勉強をするとよいといわれており、私も寝る前にものを覚えるようにしていた。

睡眠時間は人によって最適な時間が違うようなので一概におススメできるものではないが、私は学生の頃は分割睡眠で睡眠をとっていた。

夜3時間、昼3時間というように2回、ないしは複数回に分けて睡眠をとるというものである。7〜8時間が最適な睡眠時間と言われているが、人間というのは長時間寝ていても脳が休まるような深い眠りに入っているのは数分〜数十分程度であり、しかも入眠後最初の90分で一番深い眠りに入るという。であれば、一日2回に分けて睡眠をとっても問題ないし、2回寝たらその分記憶の定着ができる回数が増えるのではと考えたのである。ちなみに、スティーブ・ジョブズやナポレオンは分割睡眠をとっていたと言われている。

さすがに会社に勤めるようになってからはやっていないが、昼寝はたまにしていた。昼食後に暖かいコーヒーを飲んで体温を上げ、昼寝をするとカフェインが効いてくる30分後くらいに起きられる。

4

戦略的思考によるアウトプットの技術

大学に入るための受験勉強や資格取得のための勉強すなわち情報の「インプット」はもちろん必要だが、さらに重要なのは大学に入った後、あるいは社会に出た後に得た知識を使ってどのように「アウトプット」していくのかということである。

本書のなかで紹介している勉強法というのはインプットが中心であるが、ここでは仕事をするうえでのアウトプットに役に立つ技術をいくつか紹介したい。

仮説思考

課題を発見するときは必ず「仮説」を持つ。手元にある限られた情報から真の課題は、何なのかを推論する。そして仮説を立てたら必ず「検証」をする。検証によって仮説が間違っていたとわかったときにはその仮説を立て直すということを繰り返すのである。

たとえば経営戦略を立てるとき、まずは仮説を立て、検証する作業を繰り返す。

「市場は現在成長しているため、新製品を出して新しい顧客を獲得する」という仮説を立てたとする。しかし、後になって詳細な市場調査をしてみると、実は市場は今後伸びない可能性が大きいことがわかった。その場合、新しい顧客獲得を模索するよりも、既存顧客の囲い込みを考えるほうがよいかもしれないといった仮説の修正をしなければならない。

膨大なファクト（事実）を集め、そこから結論を導き出すよりも、まずは仮説を立て、仮説を証明するのに必要な情報を取りに行く、仮説の立案・修正を繰り返して仮説の精度を高める手法のほうが結果的に早く結論にたどり着くことができる。

コンサルティング会社に入社するとすぐにこういった思考を叩き込まれるのであるが、これは何もコンサルティング会社だけではなく、「現時点での仮説をつねに持つ」というスタンスは普通に働いていても、あるいはキャリアを考えるうえでも役に立つだろう。

「私は将来○○をやりたい」という仮説を持ち、今このときをその目標達成のために努力する。もちろん、それは時間が経ったら「やはり私のやりたいことは○○ではなかった」というように変わるかもしれないが、これを繰り返すことによって最終的にやりたいことにたどり着ければそれでよいのである。

仮説思考を実践するうえでもう一つ重要なのが、「問いの設定」である。

一つの課題を考えるうえで、原点に立ち返って前提を見直すことが重要である。これは研究者にとっては非常に基本的な思考法であるが、ビジネスマンなどが実践しているケースは少ない。その理由というのも、ビジネスマンは「顧客や上司から与えられた要求に応えるべき」という発想の人が多い。しかし、実情は顧客や上司が間違っているということは日常茶飯事である。

たとえば、「売上げを伸ばすために営業体制をどのように変えるべきか?」という問いがあったとして、営業組織内でいろいろと検討をおこなったが一向に有効な手立てが出てこない。こういった場合に同じ問いにいつまでも応えようとして時間を無駄にするよりも、前提を見直すことが有効に働く場合もある。

「売上げが伸びないのは営業ではなく、製造に原因があるのではないか?」「市場や競合など外部要因が原因ではないか?」「そもそも今売上げ増加を追求するべきなのか?」といった具合に最初の「問い」を見直すことで新たな視点が開けることが多々ある。

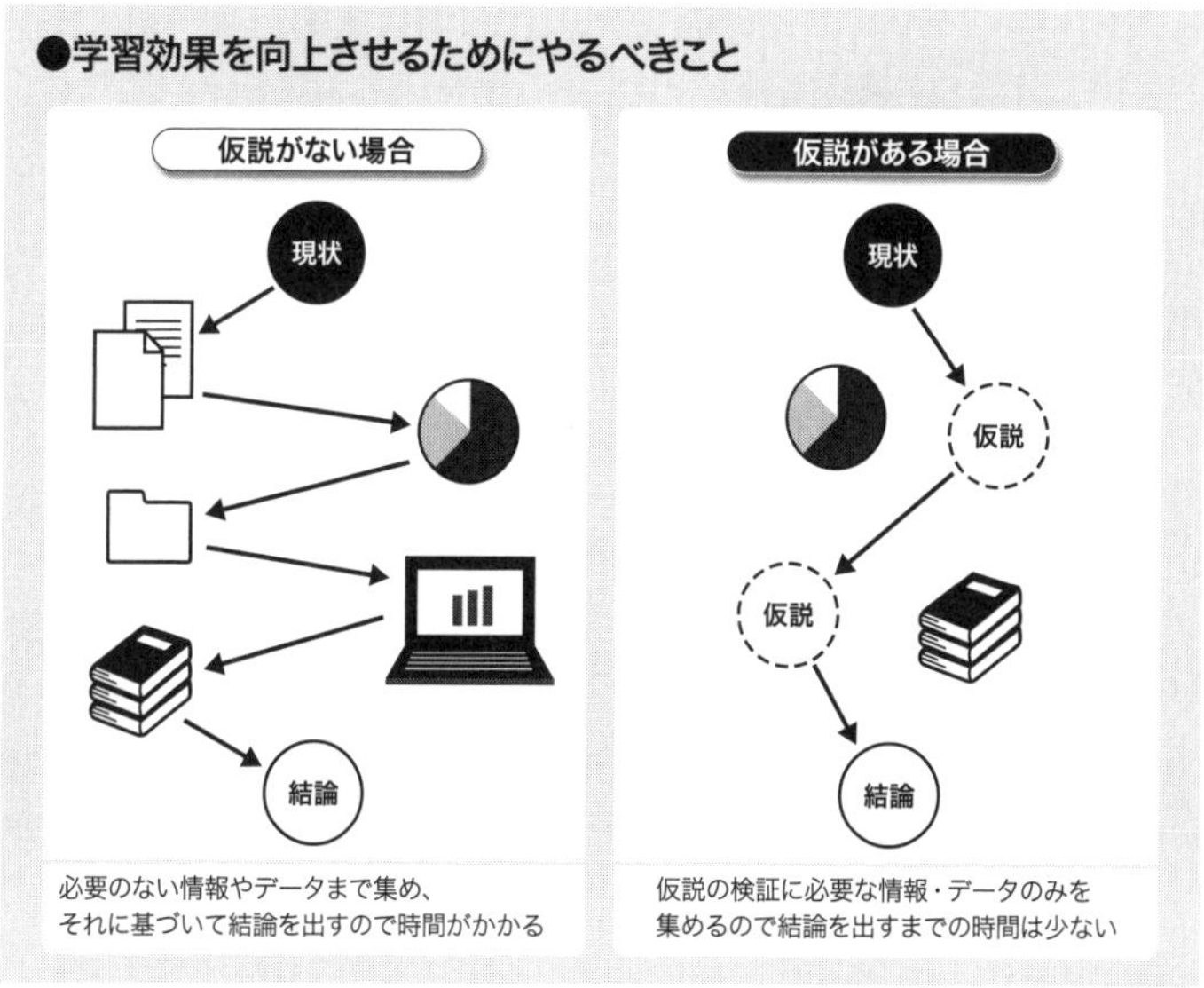
●学習効果を向上させるためにやるべきこと
仮説がない場合
現状
結論
必要のない情報やデータまで集め、
それに基づいて結論を出すので時間がかかる
仮説がある場合
現状
仮説
仮説
結論
仮説の検証に必要な情報・データのみを
集めるので結論を出すまでの時間は少ない

課題発見と発想

ビジネスにおいて発想は顧客のニーズを把握する際や、新しい商品・サービス開発の際に役に立つ。

発想というものは天から降ってくるわけでもなく、どこかから湧いてくるわけでもない。過去に得た知識や経験から導き出されるものである。

そのため、自身が日ごろからつねに情報のインプットをおこなうことはもちろんのこと、自身だけでなくいろいろな人の視点を取り入れることが非常に重要である。

ソニーのウォークマンは、当時の名誉会長の井深大氏が「旅客機内できれいな音で音楽が聴けるモノがほしい」と言いだし、オーディオ事業部長に作らせたのが開発のきっかけである。

アップルのｉＰｈｏｎｅもしかり、こういった一人の発想が形になり、世界を席巻するような製品を生み出すのは素晴らしいが、超レアケースと言っていい。

多くの場合、他の人の視点を取り入れることで自身が思いもしなかったような気づきを得て発想するというやり方が有効である。ブレーンストーミングを始めとしたいろいろな発想法が開発されているのはそのためである。

一例として、私が現在通うオックスフォード大学でおこなったことを紹介したい。

オックスフォード大学では、３か月の間に数人のグループで「多くの人が直面している社会的な課題を特定して解決策を考え出す」という壮大なプログラムがある。すなわち、**課題の発見をすることが最初の課題**なのである。

このプログラムの冒頭、課題発見の方法やデザインシンキング等について講義を受けたのだが、一つ興味深いものがあった。

課題発見の練習の一環で、プログラムの受講者全員に「今から街に出て道端を歩いている知らない人に話しかけて、今困っていることを聞き出してこい」という滅茶苦茶な命令が下された。

私は道を歩いていたポーランド人に話かけたのだが、聞くところによると、ポーランドから家族とイギリスに来て最近までロンドンに住んでいたが、物価が高いのでオックスフォードに引っ越してきたのだという。

なんとか家族と住む家は決まったものの、彼は英語が得意ではなかったので仕事を探すのにかなり苦労したのだという。

たとえば、会話をほとんど必要としない長距離運送の仕事や工場内での作業の仕事ですらことごとく断られたという。こういうことが課題だと思っている人は世界で一人ではないはずなので、たしかに移民と仕事のマッチングといった領域に社会的な課題が隠れていそうである。

さらに、大きな課題のなかで、どの特定領域（政策、技術、サービス提供の仕方等々）に課題があるのかを見つけ、課題に対して具体的な対策「打ち手」を考えていく。

このような課題発見のトレーニングやフレームワークを学んだ後に実際にプロジェクトを組成して実践をおこなう。

私のチームは、UAE（アラブ首長国連邦）の糖尿病抑制のための政策を大きな課題領域として設定した。UAEでは政府や自治体で抑制プログラムが多数存在しているが、いまだに糖尿病大国である。調査を進めていると、96％のアラブ人家族がメイドを雇っているにもかかわらず、メイドを対象とした「打ち手」が何もないことがわかった。なので、健康的な食事や糖尿病に関する知識を有するメイドを認定する認証機関の設立を政府への提言として考えた。

オックスフォード大学のMBAプログラムでは、このような課題特定と「打ち手」の発想の実践を繰り返し、課題解決の素養を養うのである。多くの人々の課題を解決するようなないアイディアを生み出すには、まだ見えていない課題を特定することから始めるというのが必要である。

課題発見・発想といったスキルは、何も仕事だけでなく仕事を始める前から使える。たとえば、私は今ロンドンのテック系企業で働いているが、面接をする前にその会社のビジネスモデル、顧客、競合などを明らかにしたうえで、会社が抱えていそうな課題を洗い出し、さらに課題に対する「打ち手」や将来的な方向性について考え、パワーポイントにまとめて送りつけた。そのおかげで面接でも深い議論になり、すぐに働いてほしいということとなった。

意思疎通

組織のなかで、人がコミュニケーションを取る際にうまく意思疎通できないケースが多々ある。上司・部下の間や他部署間のコミュニケーションがうまくいかない、あるいはうまく意思疎通できないといったことがよくあるだろう。

自身と相手が必ずしも同じ知識レベルではないし、同じ理解レベルでもない。多くの場合、「認知の歪み」によってそれがもたらされているので、職位の違う人、他部署の人、社外の人と話す際は認知のレベルを認識したうえで適切なコミュニケーションを取るべきである。

よくあるのが**「抽象度の違い」**

たとえば、10年会社にいて業務をおこなっている中堅社員と会社に入ったばかりの新入社員ではまったく話す言語が違ってくる。経験豊富な上司は抽象的な言葉を使って指示を出すが、新入社員は具体的な言葉でしか理解できないのである。「顧客に提出する提案書のドラフトを作って」と言われたら、ある程度経験のある社員はその一言の指示のみで理解し、作業に移ることができるが、入ったばかりの新人はそうはいかない。

提案書の中身を以下のように分解して一つ一つ説明する必要がある。

- ・プロジェクト背景・目的
- ・クライアントが直面している具体的な課題
- ・課題解決のアプローチ
- ・スケジュール
- ・プロジェクト体制

さらに、それぞれのアジェンダについて書く内容を指示し、フォントサイズはいくつでそれぞれ何ページ書くのか等々具体的な指示にまで落とさなくては新人は作業に移ることはできないだろう。

このような問題が起きるので、上司としては知識格差の大きい新人に対しては具体的な指示をする必要がある。一方で、部下としては上司に具体的な言葉に置き換えて確認することが求められる。

これまたよくあるのが、**「思い込み」**

「Aさんが○○○と考えているから、Bさんも○○○と考えているだろう」「以前も×××だったから、今回も××××だろう」というような思い込みをしていると、思わぬ落とし穴に落ちることになる。

たとえば、何か社内で企画を通すとき、企画会議の前に他部署のAさんの了承は事前に取れた。しかし、「BさんはイエスマンでいつもAさんに賛成しているから、事前に了承は取らなくて大丈夫だろう」と高を括《くく》っていると、企画会議でBさんから猛反対に会い、企画がボツになってしまったというようなケースである。

こういった落とし穴に気をつけて普段からコミュニケーションすることを心掛ける必要がある。

計画

仕事をするうえで、事前の計画は非常に重要である。プロジェクトマネジメントの観点から言えば、成果物のクオリティを担保するには、どの程度までやるのかという「スコープ」、ヒト・モノ・カネなどの「リソース」、そして仕事が完遂するまでにかかる「時間」をあらかじめ作業に入る前に定義しておくことが求められる。

プロジェクトベースで仕事をするコンサルタント、あるいはIT、インフラのベンダー等の職種においてはとくに重要であるが、それ以外の職種においても仕事に取りかかる前にはこれらを正確に定義しておくことが望ましい。

スコープ

目的は何か、タスクは何か、成功・失敗はどのように定義するか、どこまでを最低限やりとげるべきか、コンティンジェンシープラン（緊急時対応計画）の策定といった作業範囲を定義する。

リソース

どれくらいの予算、人員が必要か、どのようなスキルを持った人員が必要か、どのような体制・プロセスを構築すべきかといったプロジェクトに必要なリソースを定義する。

時間

締め切りはいつか、報告やチェックのタイミングは、決められた体制でタスクをこなした場合、どの程度の時間がかかるかといったタイムラインと工数を見積もる。

これらを明確にしたうえで作業に取りかかる。だいたいは週次でタスクを割り振るのだが、プロジェクト期間が短いもの、たとえば1、2か月くらいの短いプロジェクトであれば日次でタスクを割り振ることもある。

自身のタスクの計画をするうえで非常に重要なのは、自身の力量を自覚するということである。

自身ができることとできないことを的確に把握し、できない・難しいと思われるタスクに関しては他の人の助けを借りるということを仕事に取りかかる前の段階で決めておく必要がある。さもなければ、実際にタスクをやってみたときに、実は一人で完遂するのが難しいということがわかり、他の人の助けを借りようにも誰も手が空いていないといった事態に陥りかねない。そうした場合、自身の作業の遅れがあらゆる他のタスクに影響し、プロジェクトが遅延してしまう。

哲学者ソクラテスはうまいことを言ったものである。「無知の知」、つまり、知らないことを知っていると思い込んでいる人よりも、知らないことを知らないと自覚している人のほうが賢いということであるが、自身の能力を大きく見せるために知ったかぶりをしたりするよりも、わからないことをわからないと認めることも時には重要である。

仕事においても、なんでもかんでも「やります！」と言ったほうがやる気があってよいように捉えられるが、その後やってみて「やっぱりできませんでした」では話にならないのである。つまりは、自身の力量を適切に把握し、仕事に取り組むことが重要である。

意識・振る舞い

あらゆる職業において、何かのアウトプットをする際にはプロフェッショナルとしての意識を持つべきである。プロフェッショナルとしての意識とは、レベルの高い仕事をする、ミスをしない、責任感を持つ、自己研鑽《けんさん》を怠らない……といった当たり前のことを意識するということであるが、できている人はほんの一握りである。

ここでは一例として、コンサルティング業界で出会った人たちのプロフェッショナル人材としての意識と立ち居振る舞いを少しご紹介したい。

外見・態度

まず、一流の人たちは一分の隙もない外見と態度である。プロフェッショナルと呼ばれる一流のビジネスマンは声、姿勢、表情、目線、佇まい、見た目、あらゆる点が洗練されている。話し方は非常に安定感があるが、淡々と話すアナウンサーやナレーターとは違うタイプで、話の随所で聞き手の感情の起伏をもたらし、つねに聞き手のワクワク感や期待感を醸成する。

一流の人は、自身はプロフェッショナルだと言ってふんぞり返ったり、横柄な態度を取ったりすることはけっしてない。つねに誰に対しても謙虚で、誰にとってもわかりやすい言葉で話すように努めている。

大多数の人が見逃しがちなこういった点を向上させるのは重要であるが、自身ができていないことにそもそも気づかない人が多い。自身の弱点を認識することは非常に重要なことである。気づくことができなければ克服することは不可能である。まわりの人に素直に聞いてみてもいいが、自身で気づくこともあるはずだ。たとえば、私の場合は昔から声が低くこもったような声なので、たまに人から聞き取りづらいような素振りをされることがあった。なので、腹式呼吸を習得し、ボイストレーニングを始め、滑舌がよくなるようなレッスンをした。あと、表情が固いと言われることがあるので、表情筋のトレーニングをおこなったりもしている。

つねにロールアップ

コンサルティングファームではつねにロールアップ、つまり自身の役職・役割を超えた働きをする。入社一年目であっても会議では積極的な発言が求められるし、クライアントへの価値提供が求められる。もし十分に価値提供できなければプロジェクトからはずされてしまう人もいる。マネージャーやパートナーレベルであっても同じで、価値提供できなければプロジェクトからリリースされ、社内での評価が下がることになる。たとえば、私は入社一年目でグローバルメーカーの部長のカウンターパートとしてプロジェクトを遂行したり、大手外資系企業のＣＥＯに資料を説明したりしていた。一年目の新入社員でもプロとして自覚し、働くことが求められる。

知識の習得

コンサルティングで必要なことは、仕事以外の時間で知識をどれだけインプットできるかがカギである。書籍やセミナーなどから知識をインプットするのはもちろんのこと、プライベートでも他業界の人に頻繁に会って話をし、情報交換をしている人が多い。私も積極的に他業界の人が集まる懇親会や講演会等でいろんな方と話をさせていただいている。なかには同年代の尊敬できる仲間に出会うこともある。その方たちとはたまに飲みに行ったりする良い友人関係となっている。

体調管理を怠らない

一流のプロフェッショナルは体調管理を怠らず、つねに最高のパフォーマンスが出せるように努力している。

私がもっとも不得意とする分野であるが、高いパフォーマンスを維持するためには必要である。10代の頃から酒びたりのせいで酒を連日連夜飲み歩いては体調を崩し、胃薬とポカリスエットしか飲めない生活に陥り、回復したらまた飲み歩くという不毛なループに陥っていた時期もあったが、今ではだいぶ酒は控えている。これは現在でも私の課題であるのでこれから改善していきたい。

手を抜かない・楽観をしない

コンサルティング業界に限ったことではないが、一流の人は手を抜くということをしない。どんな仕事でも成功させるために必要な知識を新たにインプットし、自身の足りない部分を補い、つねに進化していく。これは若手のコンサルタントであってもシニアパートナーであっても、つねに学び続けることは変わらないスタンスである。

そして、「どうにかなるだろう」といった楽観はけっしてしない。たとえば、打ち合わせにおいて「ここまでは質問されることはないだろう」とか「ここまでやらなくても大丈夫だろう」とか、そういったことが一切ない。打ち合わせひとつとっても、ここまでやるかというくらいに準備をするのがプロフェッショナルである。

誠実さ

コンサルタントをやっていた頃、グローバルメーカーのクライアントで社内改革の責任者をしている方にお話を聞く機会があった。

あるコンサルタントが、「あなたから見て理想のコンサルタントとはどのようなコンサルタントですか?」と聞いた。

そうすると彼は「嘘をつかない、ごまかさない人」と答えた。

これは本当に顧客に対しても上司部下に対しても重要なことである。

コンサルタント、あるいはアドバイザーと名のつく職業に就いている人のなかには能力が高い人が多い。故に耳触りのよい言葉や口八丁でクライアントを煙に巻く人もなかにはいる。

しかし、その場はなんとか凌《しの》げたとしても、クライアントは歯の奥に物が挟まったような感覚が残るだろう。

自信のないことや知らないことをはっきりとあとで調べるとか確認すると言ってくれるほうが、逆にクライアントからは信頼されることもある。

またあるとき、とある懇親会で企業の役員の方とお話ししたときのことである。

私は「今社内では何が課題だとお考えですか？」と聞くと、

「コンサルティング会社を使いすぎていることだ」といった答えが返ってきた。

これは冗談でもなんでもなく、実際にコンサルタントをいつまでも雇っていたのではコストもバカにならないし、クライアント社内の戦略企画を担当するような人材の育成もできない。

ときには、商品・サービスが売れるような場面でも、顧客に必要がないと思ったら無理に売ろうとせず、「今は弊社の商品・サービスを使うタイミングではないかもしれませんよ」といったアドバイスもできることが長期的な関係構築につながるケースもある。

また、仕事をしていると、何かミスをしたら必死で言い訳をしている人を見かけることがあるだろう。そうした場合、ミスをしたその瞬間はなんとか切り抜けられるかもしれないが、言い訳を繰り返すたびに自身の社内での評判が下がっていく。

むやみやたらと言い訳をしてごまかすよりも、正直に自身の落ち度を認め、自身の能力を自覚し、次に生かそうとする人のほうが一緒に働く側としてもよいことは言うまでもない。

仕事をするうえで、仕事に必要なスキル・能力を身につけることについつい目が行きがちであるが、こうした**誠実さ、あるいは愚直さ・素直さは仕事をするうえでスキル・能力以上に大切なものである。**

おわりに

人生のなかでなんでもいいから夢中になれることを見つけてほしい。

もし、自身の好きな夢中で打ちこんだことが仕事になれば、これ以上ないくらい幸せな人生となるでしょう。

アニメーション監督の宮崎駿氏は仕事でストレスが溜まることがあるが、ストレスを発散するのも仕事であると語っています。自身の心底好きなことを仕事にできると、ずっと好きなことをして一喜一憂する人生が送れるのです。

自身の人生を賭してできる仕事に早く巡り合った人は本当にうらやましい。

もし、夢中で打ち込んだことを途中でやめたとしても、「一時期になにか一つに集中して打ち込む」というスタンスと「仲間」が手に入ります。それは、他のことを始めたときでも役に立つはずです。

私の場合は、バンドに夢中になっている時期がありました。バンドを辞めても、一緒にバンドをやっていた人たちとの付き合いは続いています。

当時の仲間はみんなバンドを辞めた後、映像クリエイター、DJ、音楽コンポーザー、デザイナーなどクリエイティブ関連の仕事についていたりして、自身のやりたいことを実現していてすごいなと思います。

このような仲間から刺激を受けて自身をアップデートし続けられるので、私自身仕事をやるうえでもクリエイティブな視点を持って仕事ができていると実感しています。

こういった仲間は普通に学校に行って大学を卒業して就職しても手に入らなかったと思うので、若い頃何かに夢中になって本当によかったと思います。

（ちなみに、映像クリエイターの友人のつてでジャニーズグループの嵐のミュージックビデオに出させていただいたこともあったり、仕事以外でもいろいろな経験をさせてもらっています）。

人生はつまるところ、「人との出会い」です。

これまでに出会ったすべての人が私に「学び」を与えてくれました。

これまでに出会ったすべての人に感謝したいと思います。

一時期に一つのことに打ち込んだとしても、それに生涯固執し続ける必要はないと思います。

私もこれまでの人生を通じて、その場その場で直感に頼って意思決定をしてきた気がします。それが結果的によい結果をもたらしている気もしますし、いろいろな世界を見ることもできたとも思います。

そのうえで何か自分のやりたいことが見えてきたと思っています。

村上春樹の作品『色彩をもたない多崎つくると、彼の巡礼の年』を読んでいると、このような文章があります。

「限定された目標は人生を簡潔にする」

若い頃に自身の人生をかけて取り組むべき夢や目標に出会えた人はやるべきことが明確で、目標に向かって突き進んでいくことができます。若い頃に自身の目標を定められた人は素晴らしいと思いますが、そうでない人が大半だと思います。

しかし、それも悪いことではなく、いろいろな経験をして生きることで豊かな人生になるということもあると思います。とくに若い頃はいろんな経験をすることで大切なものや自身の価値観が見つかるかもしれません。私も人生を振り返ると後者のような人生だったかと思います。

人生、死ぬまでずっと修行です。

学校で何かを学ぶのも修行、学校を出て社会人になってからも日々の仕事に学びを見出す修行の日々。

出世して上りつめても、引退しても、学びを続け、修行を続けることが素晴らしい人生だと思います。

私自身、これからも一生学びを続けていきたいと思います。

2018年7月

オックスフォード大学《だいがく》MBAが教《おし》える
人生《じんせい》を変《か》える勉強法《べんきょうほう》

著　者　西垣和紀《にしがきかずき》

発行所　株式会社　二見書房
〒101-8405
東京都千代田区神田三崎町2-18-11
堀内三崎町ビル
電話　03（3515）2311［営業］
　　　03（3515）2313［編集］
振替　00170-4-2639

印刷所　株式会社　堀内印刷所
製本所　株式会社　村上製本所

ブックデザイン　河石真由美（有限会社CHIP）
DTP組版・図版　有限会社CHIP
企画協力　NPO法人企画のたまご屋さん
　　　　　一凛堂　稲垣麻由美

落丁・乱丁本は送料小社負担にてお取替えします。
定価はカバーに表示してあります。

ISBN978-4-576-18121-9
http://www.futami.co.jp